주린이도 평생 월급 받는
주식 투자 시스템

가난한 사람들은 황금을 사고
부자들은 황금알을 낳는 거위를 산다

주린이도
평생 월급 받는
주식 투자
시스템

김우창 지음

한국경제신문*i*

학교에서는 황금알을 낳는 교육을 하지 않는다

여러분이 만약 황금을 얻고 싶다면 방법이 두 가지가 있다. 한 가지는 열심히 직장을 다니고, 사업을 하고, 노동을 해서 황금을 얻는 방법이다. 또 다른 한 가지는 황금알을 낳는 거위를 키우고 그 거위를 통해 매달 황금을 얻는 것이다.

어느 쪽이 더 현명한 선택인가? 당연히 황금을 낳는 거위를 키우는 쪽일 것이다. 하지만 대부분은 열심히 직장을 다니며 돈을 벌어 황금을 사는 일에 익숙해져 있다. 직장이 나를 평생 책임져주지 않는데 평생을 바쳐 일한다. 내가 일하지 않아도 수입이 들어오는 시스템을 통해 매달 황금을 얻는 시스템이 뭔지도 모른다. 그 이유는 학교에서 그러한 교육을 해주지 않기 때문이다. 학교에서 알려주는 일반교육으로는 절대 황금알을 낳는 거위를 살 수 없다. 황금알을 낳는 거위를 통해 황금을 얻게 해주는 교육은 공짜로 얻기에는 너무 고급교육이다. 비싼 사립학교에서나 가르칠 수 있는 분야다. 상위 클래스의 세계는 교육도 다르다. 뉴스나 신문에 보면 돈 많은 재벌가의 자녀나 세계적인 기업가 집안에서는 이런 교육에 수억 원씩 쓴다. 세계적인 경영대학원인 와튼스쿨 같은 곳에서 배우는 것들이 모두 고급교육들이다. 예를 들면 기업분석, 기업마케팅, 투자 이론, 가치 투자, 투자 역사, 통계학, 기업 인수 합병 같은 것들이다. 일반인들이 이런 교육을 받아 황금알을 얻지 못하는 이유는 주변 환경의 영향이 크다. 이것이 가난한 사람들과 평생 돈 걱정 없이 사는 부자들의 차이다.

일반적인 교육은 학교에서 해주는 공짜교육이다. 공짜교육으로 부자가 된 사람들이 있는가? 가끔 있기는 하지만 대부분은 아니다. 회사에 취직해서 고만고만한 월급을 받는다. 그 이유는 공짜교육이기 때문이다. 중학교, 고등학교, 대학교에서도 황금알을 낳는 교육을 해주지 않는다. 학교에서는 수학, 영어, 사회탐구, 과학, 체육 등등 공부만 잘하게 가르친다. 이런 공부를 못하면 마치 사회의 낙오자인 것처럼 낙인 찍어버린다. 우리나라에서는 모든 교육이 수능 만점을 받아 좋은 대학에 가는 것을 목표로 세팅되어 있다. 지금도 우리 자녀들은 학원의 노예가 되어 자신들이 원하든 원하지 않든 이러한 사회 시스템에 의해 고통받고 있다. 물론, 공부가 너무 좋아서 하는 학생들에게는 천국이겠지만 아닌 학생들에게는 지옥 같은 환경이라는 말이다.

내가 하고 싶은 말은 황금알을 만들어주는 교육이 아닌 교육에 많은 돈과 시간을 쏟아붓고 있다는 사실이 매우 안타깝다는 것이다. 좋은 대학에 가서 좋은 직장에 들어가라고만 한다. 스펙을 쌓고 더 열심히 일하라고만 한다. 그런 교육은 황금알을 낳게 해주는 교육이 아니다. 바로 황금을 사게 해주는 교육이다. 만약 이러한 교육에만 몰두하고 살다가 일하지 못하는 상황이 온다면 매달 황금을 사던 사람들은 무척 당황한다. 그리고 후회하며 말할 것이다.

"황금을 낳는 거위를 새끼 때부터 키울 걸!"

여러분들은 지금부터 가난하게 만드는 교육에 목숨 걸지 마라. 시험을 봤는데 잘 못 봤다든지, 학교점수가 낮게 나왔다든지, 승진시험에서 낙방했다든지, 좋은 회사에 취직하지 못했다든지 하는 것들로부터 상처받지 말라. 황금알을 낳게 해주지 않는 모든 것들로부터 고통받지 말라. 지금부터는 여러분들을 부자로 만드는 교육에 목숨을 걸라. 그럼 평생 월급 시스템을 알게 되고, 그로 인해 여러분들의 인생이 돈으로부터 자유를 얻는 신기한 경험을 하게 될 것이다. 이 방법은 내가 실제로 하고 있는 방법이기 때문에 추천해드리는 것이다.

이 책에는 미국 월스트리트 최고 전문가들의 투자 비법과 나의 실제 경험으로 수익을 내는 방법이 고스란히 담겨 있다. 아마 수억 원을 주고도 이런 정보가 담긴 책은 시중에서 찾기 힘들 것이다. 주식 관련 책들을 거의 50권 가까이 본 결과 그렇다. 대부분 돈 버는 방법을 알려준다. 이 책은 돈 버는 방법을 알려주는 책이 아니다. 내가 몸이 아파 일을 하지 못할 때 생활비가 매달 나오는 시스템을 알려주는 책이다. 나는 이 시스템을 통해 실제로 매달 생활비를 지원받고 있다. 매우 고마운 일이다. 그래서 하루에도 몇 번씩 주식 시장에 감사하다는 말을 한다. 진심으로 말이다. 투자하다 보면 하루에 많게는 몇천만 원의 수익이 나기도 하지만 그 수익을 바로 챙겨 명품가방을 사거나 차를 사는 바보 같은 짓은 하지 않는다. 내가 주식 투자를 하는 이유는 큰 수익을 내기 위한 것이 아니라 매달 생활비에 초점이 맞춰져 있기 때문이다. 생활비에 초점이 맞춰져 있으면 수익이 날 때까지 기다릴 수 있고, 느긋해질 수 있고, 하락장이 와도 무섭지 않다. 열심히 땅을 파고 나무를 심고 열매를 풍성히 수확하는 기쁨 같은 것이 생긴다. 큰 수익만을 위해 투자하는 사람들은 하루하루가 불안하고 초조하고 잠을 못 이룬다. 나도 해봐서 잘 안다. 하루에도 수십 번씩 주식 창을 봐야 속이 편하다. 쉽게 말해 투자가 아니라 도박을 하는 것과 같다. 세계적인 투자가 워런 버핏이 그럴까? 도박은 인생을 황폐하게 만들고 가정도 불행하게 만든다. 유명한 주식 유튜버들 중에도 수억 원을 가지고 단기 투자를 하다가 한 방에 가는 사람들도 많이 봤다. 절대 그런 단기성 투자는 하지 않기를 바란다. 돈을 쫓아가다 보면 그런 일이 생긴다. 돈은 쫓아가는 게 아니라 좋은 종목을 잘 사서 기다리면 따라오는 것이다. 명심하자.

이 순간에도 나에게 황금알을 가져다주는 거위는 일하고 있고, 이번 달에도 나의 통장에 생활비를 가져다줄 것이다. 부디 여러분도 이 책을 잘 읽고, 시스템을 잘 이용해 돈 많이 버는 사람이 아니라 몸이 아파 일을 할 수 없을 때 생활비를 해결하는 방향으로 바꾸어보자. 주식 시장이 도박장이 아니라 나에게 생활비를 가져다주는 고마운 곳이라는 생각이 들 것이다. 황금알을 낳는 거위를 몇 년만 키워보면 알게 될 것이다. '이게 진짜였구나' 하고 감동할 수도 있다. 이 책의 진가는 그때 발휘된다. 이 기회를 꼭 놓치지 말고 그 기분을 느껴보기를 바란다. 이 책을 살까? 말까? 망설이는 분들에게는 기회가 없다. 이 책을 들고 바로 계산대로 가면 곧 책값의 수십 배를 버는 경험을 하게 될 것이다. 항상 마이너스가 나는 통장이 있다면 그 통장에도 좋은 소식이 곧 날아들 것이다. 여러분들의 평생 월급을 위해 몇 년 투자하는 것이 아까운가? 아무도 그렇게 생각하지 않을 것이다.

이 책을 보고 나면 다음과 같은 일이 일어날 것이다.

- 주린이도 주식 투자를 통해 성공하는 법을 알게 된다.
- 직장인들도 충분히 할 수 있다는 사실을 알게 된다.
- 퇴직을 앞둔 분들도 노후 걱정을 하지 않게 된다.
- 육아로 직장을 못 다니는 주부, 주식으로 실패하셨던 분들도 황금 알을 낳는 거위로 성공하게 된다.
- 사업하는 분들도 노후 문제를 걱정하지 않게 된다.

이 책에는 단기간에 큰 수익을 주는 방법은 없다. 대신 평생 월급 받는 시스템을 알게 해준다. 단기간에 대박 종목을 사서 큰 시세차익을 얻는 방법은 거의 도박과 같다. 그러한 투자는 한두 번은 성공하겠지만 나중에는 결국 빈 깡통이 되어버릴 확률이 높다. 그러한 투자는 기업의 가치를 보고 투자하는 게 아니다. 카지노에서 베팅하는 투자를 한다면 결국은 장래가 어두워지고, 평생 가난하게 살게 된다. 나는 그런 도박과 같은 투자를 하는 분들에게 이렇게 말씀드리고 싶다.

"오늘 1억 원을 벌었다고 해도 내일 2억 원을 잃으면 무슨 소용입니까?"

단기 투자를 선호하는 분들은 카지노에서 포커를 치는 사람들과 다를 게 없다. 그런 식의 주식 투자를 하면 여러분만 힘들고 고통받는 게 아니라 여러분들의 가장 사랑하는 자녀와 배우자가 함께 고통을 받게 된다는 사실을 알아야 한다.

내가 일할 수 없을 때, 매달 황금알을 가져다주는 시스템이 있는가?

어느 날 TV를 보다가 하버드대학교를 나온 경제학자를 본 적이 있다. 그는 아나운서의 투자 관련 물음에 이렇게 답했다.

"하버드를 나온 경제학자이신데 주식 투자를 하시나요?"

"저는 경제 관련 일을 하다 보니 여러 군데서 투자 관련 정보를 받습니다. 하지만 저는 위험하고, 고수익인 종목들에는 절대 투자하지 않습니다. 제가 생각하는 투자는 천천히 부자가 되는 것이 좋은 것이라고 생각합니다. 저는 고수익 단기 투자의 제의를 모두 거절했습니다. 저와 가족들이 불행해질 가능성이 큰 투자는 위험하다고 생각합니다. 그런 투자는 가정을 망치는 것이기 때문입니다. 저는 천천히 부자가 되는 투자를 선호합니다. 빨리 부자가 되려고 하지 마세요."

여러분이 이 책을 잘 공부하면 그 경제학자의 말처럼 천천히 오랫동안 부자가 되는 지름길을 알려줄 것이다. 나는 오래전부터 네이버 카페 '한국텔레마케팅코칭협회'를 통해 TM 영업으로 억대 연봉이 되도록 해주는 일을 하고 있다. 유튜브 <김우창작가TV>도 운영하고 있는데 구독자는 어느새 7천 명이 넘고 있다. 정말 감사한 일이다. 주요 내용은 TM 강의와 투자 강의다. 매주 토요일 새로운 콘텐츠가 업데이트되고 있다. 투자에 관심 있으신 분들은 TM 강의는 생략하고 부자 특강과 투자 강의만 들어보셔도 좋을 것 같다. 아마 큰 도움이 되실 것이다.

나는 TM 강의와 투자 강의를 통해 수강생들에게 10년 넘는 주식 투자 비법과 억대 연봉 받는 TM 비법도 같이 전수해주고 있다. 내가 투자 강의를 같이하는 이유는 단 한 가지다. 바로 그들이 나이 들어 일을 못 하게 되었을 때 평생 월급을 받을 수 있는 황금알을 낳는 거위를 한 마리씩 만들어주고 싶어서다. 사실 이 책은 수강생들에게 한 권씩 주고 싶어서 쓰는 것이다. 그러다 보니 주식의 '주' 자도 모르는 일반 독자분들께도 도움이 되리라 생각한다. 수강생들의 투자수익률이 궁금하신 분도 계실 것이다. 그럼 카페에 가입하셔서 수강생들의 투자 수익 인증과 같은 게시판을 보고 확인해보면 좋겠다. 내가 백 번 말하는 것보다 직접 눈으로 수익률을 확인하는 것이 더 확실할 수 있다.

이 책을 통해 주린이도 황금알을 낳는 거위를 스스로 만들 수 있게 될 것이다. 여기서 말하는 황금알을 낳는 거위는 평생 월급 시스템을 말한다. 내가 몸이 아파 일할 수 없을 때 생활비를 가져다주는 시스템이다. 평생 월급을 받으며 일하는 게 아니라 스스로에게 평생 월급을 주는 시스템을 만들기를 바란다.

그리고 지금부터는 무엇이 가난하게 만드는 교육인가를 잘 살펴서 잘못된 교육들로부터 탈피해야 한다. 그런 교육들은 여러분들을 평생 일하게 만든다. 그리고 나중에 회사로부터 버림받는 날이 오면 내가 지금 하는 말의 진가를 알게 될 것이다. 지금부터는 황금알을 낳는 거위와 상관없는 교육은 쳐다도 보지 마라.

마지막으로, 세상은 여러분들이 생각하는 것보다 무척 냉정한 곳이다. 공부하지 않는 사람은 결코 부자가 될 수 없는 구조다. 오늘부터 황금알을 낳는 공부를 하자. 그리고 남들은 다 나이 들어 힘들게 일할 때 여러분들은 잘 키워진 황금알을 낳는 거위와 함께 멋진 인생을 살기를 바란다. 반드시 기억하자. 세상은 노력한 만큼, 공부한 만큼 황금을 얻게 해주는 곳이다. 아주 멋진 곳이다.

세상을 원망하는 부자들을 본 적이 있는가? 세상을 원망하면서 힘들게 사는 사람들은 모두 가난한 사람들이다. 오늘부터 가난한 사람들의 습관을 버리자. 그리고 부자들이 가는 길로 가자. 이 책은 여러분들이 가난에서 벗어나 부자로 가는 길을 안내해줄 것이다. 과거의 잘못된 습관은 이 책을 통해 다 던져버리고 새로운 옷을 입게 될 것이다. 여러분들은 모두 하늘을 자유롭게 날 수 있는 날개가 있다. 그 날개를 이 책을 통해 활짝 펼치는 계기가 되길 바란다. 그리고 이 책을 통해 앞으로가 멋진 날들이 되기를 진심으로 바란다.

PS : 이 책에 나오는 모든 종목은 추천주가 아닙니다. 이 책에서 제공하는 정보는 투자 판단에 참고만 하시기를 바랍니다. 투자의 결정은 '자신'이 하는 것입니다. 투자에 대한 책임은 '본인'에게 있습니다.

안개 낀 멋진 풍경을 보며 인천 송도에서 **김우창**

PART 2. 투자만 하면 손실 나는데 좋은 매매법이 있나요?

PART 3. 국민연금처럼 평생 매달 300만 원 받는 매매 비법들

PART 1

주식의 '주'도 모르는데 평생 월급 받을 수 있나요?

1

평생 월급 시스템이
가능한 원리

평생 월급 시스템은 반드시 있어야 한다

많은 사람이 먹고살기 위해 직장을 다니고 돈을 번다. 사람이 노동으로 돈을 버는 것은 한계가 있다. 내가 일을 할 수 없을 때 나를 대신해서 일해줄 시스템이 반드시 있어야 한다. 이것이 이 책을 쓰게 만든 단 한 가지 원동력이었다. 나는 예전에 직장생활을 오랫동안 하면서 항상 불안함이 있었다.

"직장에서 잘리면 뭐 먹고 살지?"
"사업이 잘 안 되면 뭐 먹고 살지?"
"몸이 아프면 누가 나를 돌봐주지?"
"은퇴 후 돈이 바닥이 나면 다시 일해야 하나?"
"큰 병이 걸리면 누가 나를 위해 병원비를 주지?"

누구나 직장에 다닐 때는 생활비 걱정이 없다. 바로 앞만 보고 달리다 보니 멀리 보는 능력을 상실한다. 그래서 평생 생활비라는 생각을 할 여력도 없이 산다. 매달 회사에서 따박따박 월급을 주기 때문에 그런 생각은 사치이자 쓸데 없다고 생각한다. 평소 직장에서 업무능률에 치이다 보니 그런 생각 할 시간이면 더 열심히 일하라는 가르침을 받아왔기 때문이다.

하지만 회사가 알려주지 않는 한 가지가 있다. 은퇴한 후에는 회사에서 10원의 월급도 주지 않는다는 사실이다. 친한 친구나 친척도 아무도 나에게 월급을 주지 않는다. 국가에서 나를 책임지리라는 희망은 애초에 생각도 하지 않는 게 좋다. 기껏해야 노령연금 20만 원이 전부니까 말이다. 회사 다닐 때는 걱정이 없어서 간과하던 이 부분이 나중에는 현실로 다가오게 된다. 죄송하지만 그때는 이미 늦은 경우가 많다. 나이가 많이 들어 온몸이 병으로 도배되어 있는 경우가 많다. 지금 우리가 지금 사는 세상은 스스로 구원해야 할 방법을 찾지 않으면 안 되는 세상인 것 같다.

암튼, 은퇴 후 회사를 나오면 나에게 평생 생활비를 주는 사람은 없다. 이 사실을 꼭 기억해야 한다. 많은 사람은 '누군가 해주겠지'라는 착각 속에서 살다가 60세가 넘어 깨닫는다. 그리고 크게 뒤통수를 맞는다. 나의 아버지도 그랬다. 30년 넘게 대한항공에서 평생을 바쳐 일하셨지만 돌아온 것은 약간의 돈과 병든 몸이었다. 이 세상은 참 좋아 보이지만 아주 자세히 들여다보면 매우 비참한 곳이다. 회사를 떠나면 생활비를 책임져주는 사람은 아무도 없다. 드라마 <미생>에도 나오는 유명한 대사가 있다.

"회사가 전쟁터라고? 밖은 지옥이다."

이제는 빨리 깨달아야 한다. 당신에게 평생 생활비를 주는 사람은 없다는 사실을 말이다. 가장 친한 친구도 부모님도 여러분에게 평생 월급을 줄 수는 없다. 그러니 지금부터 이야기하는 평생 월급 시스템을 잘 배워서 내 것으로 만들면 그런 걱정들로부터 해방될 것이다. 이 시스템을 내 것으로 만들면 투자 수익으로 매달 조금씩 들어올 것이다. 일하지 않고 매달 들어오는 소득이다. 생각만 해도 매우 기쁜 일이다. 은퇴 후에도 매달 200~300만 원이 들어오고, 몸이 아파서 일을 못하게 되었을 때도 매달 생활비가 들어오는 시스템이다. 이 시스템만 잘 만들어 놓으면 나중에는 직장이 필요 없어질 수도 있다.

나는 실제로 이 방법으로 집세, 전기세, 자동차 유지비 등을 해결하고 있다. 사실 지금은 생활비를 해결하고자 직장을 다니지 않아도 되는 상황에 있지만, 예전부터 운영하는 회사의 대표직을 맡고 있어서 투자와 병행하며 즐겁게 일하고 있다. 나의 목표는 더 많은 투자 금액을 만드는 것이고 투자 수입도 더 늘리는 것이다. 아직은 시간이 남아 있어 매우 다행이라고 생각한다.

여러분은 혹시 나중에는 회사가 망하거나 몸이 아파 일을 못 하더라도 평생 생활비를 책임져줄 평생 월급 시스템이 준비되어 있는가?

없다면 반드시 준비해야 한다. 이 책이 도움을 드릴 것이다. 이 책을 잘 보고 실천해서 시스템을 내 것으로 만들면 나처럼 직장이 더는 필요 없어지는 세상이 올 것이다.

바로 이것이 내가 이 책을 쓰는 가장 큰 이유다. 나만 잘되는 세상보다 다 같이 잘되는 세상이 되면 얼마나 좋겠는가? 생각만 해도 행복한 일일 것이다. 이 책을 잘 보려면 줄 치면서 메모하면서 보는 것을 권한다. 새 책이라고 아까워하지 말고 걸레가 될 때까지 줄을 치고 보면서 잘 공부한다면 앞으로 10년 후, 20년 후 여러분 앞에는 완전히 다른 세계가 펼쳐지리라 생각한다.

매달 통장에 300만 원 이상 들어오는 원리

내용은 간단하다. 만약 당신이 포도를 매년 수확하고 싶다면 제일 먼저 할 일은 포도나무를 심는 일일 것이다. 예를 들어 100그루의 나무를 심는다면 매년 많은 포도를 수확할 수 있을 것이다. 심어놓는 데 비용이 좀 들겠지만 수확은 매년 공짜로 할 수 있다. 포도나무는 그대로 있고 매년 포도만 계속해서 수확할 수 있다. 내가 생각하는 자동월급 시스템은 포도나무에서 매년 공짜로 포도를 수확하는 것과 같다.

1단계, 매달 월급의 10~20%를 주식 시장에 포도나무(종목)를 심는 데 사용한다.

2단계, 100그루의 포도나무(종목)가 될 때까지 계속 심는다(비중은 한 그루당 1%).

3단계, 수익이 나는 포도나무는 바로 수확한다.

4단계, 수확한 포도나무 중 수익금은 찾아 생활비로 쓰고 원금은 다시 투자한다.

5단계, 투자금은 점점 늘어나게 되고 수익금도 점차 늘어나게 된다.

6단계, 이것을 은퇴 전까지 계속 반복한다.

7단계, 수입이 없어지는 날 통장에 매달 들어오는 월급을 보며 깨닫게 된다. 이 책의 진가를 말이다.

수익금은 1종목당 어떤 종목은 2만 원이 나기도 하고, 어떤 종목은 5만 원, 어떤 종목은 7만 원 이렇게 다양하다. 이것들이 모여서 월 200~500만 원 정도의 생활비를 해결해준다. 어떤 달은 200만 원, 어떤 달은 500만 원, 어떤 달은 100만 원 실제로 해보니 수익이 매달 다 다르다. 하지만 소액이라도 매달 통장에 수익이 들어오는 기분은 실제로 경험해보지 않으면 알지 못할 것이다.

예를 들어 내가 가지고 있는 투자금이 1,000만 원이 있다고 치면 1종목당 10만 원만 사는 것이다. 만약, 투자금이 5,000만 원이면, 종목당 50만 원, 1억 원이 있다면 1종목당 100만 원을 사는 것이다. 수익을 내고 나오는 기준은 따로 없다. 주식은 상승 추세와 하락 추세가 있는데 상승 추세를 계속 유지할 때는 계속 들고 가는 것이고, 추세가 꺾이면 매도해서 수익으로 챙기는 것이다. 이 부분은 다음 장에 차트로 더 설명해드릴 예정이다. 내가 주로 사는 종목들은 바닥에 있는 종목들이다. 적당한 선에서 저평가되어 있는 종목들을 저점에서 사는 것이다.

매달 나에게 월급을 가져다주는 현금지급기

세계 최고의 부자들은 무엇으로 돈을 벌었는가? 대부분이 주식 부자들이다. 그래서 잘만 노하우를 배운다면 우리도 그들과 같이 부자가 될 수 있다. 이것은 진리다. 그 어떤 원리보다 안전하고 수익이 좋다. 이 원리를 잘 이용해 한 달에 한 번 출금하는 현금지급기 투자 통장을 완성하는 것이다. 평생 월급 시스템이 완성되면 정말 하루하루가 행복할 것이다. 내가 수입이 없을 때, 몸이 아플 때 등등 매달 나에게 월급을 가져다주는 현금지급기는 반드시 있어야 한다. 그럼, 여러분들은 미래가 두렵지 않고, 빨리 만나고 싶어질 것이다.

나의 비법을 잠깐 소개해보면, 나는 주식 투자를 하면서 한 달에 한 번만 출금한다. 만약 2월에 출금했다면 3월은 말일까지 주식 수익률에 완전히 신경 쓰지 않는다. 그 이유는 내가 신경 쓴다고 주식이 올라가는 일은 생기지 않기 때문이다. 출금할 때마다 느끼는 거지만 평생 나오는 현금지급기 한 대를 사놓은 기분이 들기도 한다. 조금씩 투자를 해놓은 주식들이 매달 수익금을 안겨주니 감사할 따름이다. 수익이 나오는 원리는 뒤에 자세히 설명할 예정이다.

예전에 주식 투자를 할 때는 당장 수익이 안 나니까 조급해지고 매우 불안했다. 급락이라도 하면 그날 아무것도 못 하고 엄청난 스트레스로 잠을 설치는 날이 매우 많았다. 하지만 한 달에 1번만 출금하는 시스템을 만들고 나서는 마음이 엄청 편하고 매달 생활비가 어느 종목에서 날지도 매우 궁금해진다. 잘 가던 종목이 꼬꾸라지고 가지 않던 종목이 튀어 올라버리니 도무지 종잡을 수가 없다. 어릴 적 가지고 놀던 탱탱볼처럼 방향을 도저히 알 수가 없다.

내가 주식 차트를 볼 때는 거의 월봉을 보고 투자를 하므로 그 주식이 현재 일봉상 어떤 위치에 있는지 대충만 본다. 그러다 보니 한 달 수익률을 보고 투자하는 습관이 생기고, 좋은 점은 떨어져도 크게 걱정이 안 된다는 점이다. 매수하기 전에 다 알아보고 하는 것도 있지만 거의 바닥을 다지고 올라오는 종목들이 대부분이기 때문이다. 절대 고점에 들어가지는 않는다.

한 가지 분명한 건 평생 월급을 주는 현금지급기는 누구나 만들 수 있다. 이 책을 잘 공부하면 쉽게 시스템을 만들 수 있을 것이다. 얼마나 행운인가? 그리고 공부할 시간과 투자할 시간이 아직 남아 있다는 사실도 매우 행운이다. 스스로 소액으로 투자와 공부를 해보고, 수익도 내보고 실패도 해보는 시간이 사실 진짜 공부다. 이 책은 여러분이 높은 산에 올라가는 데 안내 역할을 할 뿐, 실제로 올라가는 것은 여러분이다.

내가 생각하는 돈은 2가지가 있다. 지금 1억은 사실 없어도 사는 데 전혀 지장이 없다. 조금 불편할 뿐이지 없다고 죽거나 하는 일은 일어나지 않는다. 하지만 몸이 아프고 실직을 해서 일을 못 할 때 1억 원은 내 생명을 지켜주는 수호신의 역할을 한다. 이것은 매우 중요한 내용이다. 아마도 이 책에서 가장 중요한 내용일 것이다. 만약 당신이 이 책을 20년 후 은퇴 시점에 봤다면 얼마나 크게 땅을 치고 후회할까?

지금이라도 이렇게 빨리 이 책을 접하게 되었으니 평생 월급을 만들 시간도 충분하다. 부디 이 책을 잘 숙달해서 나처럼 여러분들도 평생 나오는 현금지급기를 완성하시길 기대한다.

2

부자와 가난한 자의 차이는
시스템의 차이다

진짜 부자는 평생 월급 시스템을 만든다

"월 매출 600만 원의 웹사이트를 만드는 게 어렵다면 월 매출 60만 원의 웹사이트를 10개 만들면 됩니다. "

-아라하마 하지메, 다카하시 마나부,《평생 월급보장 프로젝트》

아라하마 하지메, 다카하시 마나부의 《평생 월급보장 프로젝트》는 나에게 큰 충격을 주었다. 주식 투자로 월급이 평생 나오게 하는 방법을 깨닫게 해준 책이기 때문이다. 평생 일만 하며 사는 것이 상식적인 세상에서 저자는 일하지 않도록 시스템을 만들라고 권유하고 있다. "월매출 600만 원의 웹사이트를 만드는 게 어렵다면 60만 원 매출 10개를 만들어라." 이 구절은 나의 평생 월급 시스템을 갖추게 한 핵심적인 비법이다. 어떻게 하면 위험을 적게 하고 오랫동안 계속 월급을 받는 시스템을 만들 수 있을까? 고민에 빠져 있던 찰나에 이 책을 알게 되었고 해결점을 찾았다.

주식 투자는 매우 위험하다고 생각하는 사람들이 많다. 실제로 분산 투자를 하고 비중조절을 제대로 하지 않았을 때는 매우 급등락이 심한 주식 시장의 특성상 손해를 크게 볼 수 있다. 하지만 안전하고, 좋은 주식을 바닥에서 나눠서 100종목을 산다면 어떨까? 몇몇 종목이 큰 손해를 보더라도 나머지에서 큰 수익을 볼 수 있는 시스템을 만들면 어떨까? 아이디어를 떠올리고 바로 실행에 옮겨보았다. 그 결과 놀라운 일이 생겼다. 매달 100종목 중 가장 수익이 많이 난 종목들에서 일정 부분 꺼내 생활비로 쓰기 시작했다. 꺼내 쓴 부분은 5~10% 정도이다.

예를 들면 100종목 중에서 10종목에서 10%씩의 수익이 났다고 가정해보자(수수료 제외). 그럼 한 종목에 수익이 난 10%만 뺀다. 그럼 330만 원으로 불어나 있던 종목은 30만 원을 뺐으니 다시 원금 300만 원으로 돌아간다. 놀라운 사실은 종목이 좋다고 가정했을 때 10%인 30만 원을 뺐다고 해도 다시 금방 30만 원이 채워지는 일이 생기게 된다. 바로 채워지는 일도 있고, 몇 달 후에 채워지는 때도 있다. 놀랍지 않은가? 자세한 수치는 다음 표를 참고하자.

종목	원금	수익	원금+수익	인출금액	잔액
1번 종목	300만 원	10%	330만 원	30만 원	300만 원
2번 종목	300만 원	10%	330만 원	30만 원	300만 원
3번 종목	300만 원	10%	330만 원	30만 원	300만 원
4번 종목	300만 원	10%	330만 원	30만 원	300만 원
5번 종목	300만 원	10%	330만 원	30만 원	300만 원
6번 종목	300만 원	10%	330만 원	30만 원	300만 원
7번 종목	300만 원	10%	330만 원	30만 원	300만 원
8번 종목	300만 원	10%	330만 원	30만 원	300만 원
9번 종목	300만 원	10%	330만 원	30만 원	300만 원
10번 종목	300만 원	10%	330만 원	30만 원	300만 원
			총 인출금액	300만 원	

실제로 해보면 느끼겠지만 며칠도 안 되어 꺼내 쓴 부분은 다시 수익으로 메꿔지는 현상을 목격하게 된다. 이 광경을 목격해본 사람은 이 시스템에 대해 큰 신뢰를 할 수 있을 것이다. 기존에 단기매매를 하던 분들은 좀 적응하기 힘들 수도 있다. 사자마자 팔아버릴 생각을 하면 이 매매법은 적응하기 힘들 수 있다. 바닥에서 좋은 종목을 매수하는 기회는 항상 오는 게 아니다. 이런 좋은 종목들을 사자마자 팔아버리면 그런 종목이 다른 곳에 있을 확률은 거의 없다. 그래서 바닥에서 좋은 종목을 계속 들고 가야 크게 수익을 얻을 수 있고, 내가 원하는 평생 월급 시스템도 달성할 수 있다. 최소 1년 이상은 들고 간다는 마음으로 접근해야 이 매매법이 평생 통장에 월급을 넣어줄 것이다. 중요한 점이 바로 이 부분이다. 꺼내 쓴 부분이 며칠이나 몇 달 만에 다

시 메꿔진다는 것이다. 정말 신기한 일이 아닐 수 없다. 결론은 원금은 계속 보전되면서 매달 수익금은 꺼내 사용하는 구조가 되는 것이다. 투자금이 점점 늘어날수록 꺼내 쓰는 금액은 더 많아지는 원리다.

"그거 놔두면 더 큰 수익이 날 텐데!"

어떤 분은 이렇게 생각할 수도 있다. 나의 투자법의 핵심은 수익률이 아니다. 매달 월급을 평생 받는 것이다. 그것으로 생활비를 해결하는 데 초점이 맞춰져 있다. 수익이 나든 안 나든 매달 꺼내 쓰면서 그 기쁨을 느끼고, 점점 투자 금액을 늘려나가는 것이 목표다. 수익이 목표가 아님을 분명히 해두고 싶다. 당연히 수익이 많이 나면 좋겠지만 주식 시장은 하느님만 아는 분야기 때문에 언제 어디서 어떤 종목이 튀어 오를지 모른다. 그래서 수익에 초점을 맞추면 금방 지치고, 기대에 미치지 못하면 손절매하게 된다. 약간 무심한 듯 한 달에 한 번만 수익을 보는 느낌이 가장 이상적이다. 그럼 오래 들고 가서 1년 농사를 짓는 마음으로 큰 수확을 하는 날을 맞이하게 될 것이다.

부자들은 돈이 자동으로 들어오는 시스템을 위해 일한다

부자들은 돈이 들어오는 시스템을 미리 준비해놓고 여유롭게 산다. 하지만 가난한 사람들은 10년 후 20년 후를 생각하지 않고 오늘을 산다. 이 차이가 부자와 가난한 사람의 차이라고 생각한다. 부자들은 준비하는 데 달인들이다. 공부를 잘하는 사람들도 시험이 닥쳤을 때 공부하는 게 아니라 미리 계획을 세워 준비한다. 그리고 시험성적이 좋게 나오는 것이다. 부자들의 대부분은 준비하는 데 달인들이다. 지금 쓸 돈을 최소 10년, 20년 전에 준비해서 여유롭게 여행 다니며 좋아하는 취미를 즐기고, 맛있는 음식들을 먹으며 돈 걱정 없이 사는 것이다. 한편 가난한 사람들은 준비하는 데 서툴다. 당장 닥치는 일들을 해결하는 데 급급하며 산다. 그리고 평생 좋은 음식과 마음껏 여행 다닐 수 있는 월급 시스템을 가지고 있지 않다. 그래서 일정 기간 직장을 다니다가 그만두는 시점이 오면 매우 힘들게 산다. 이것이 바로 시스템의 차이다. 돈을 벌어다줄 시스템을 반드시 준비해야 한다. 모르면 배워야 한다. 비용이 얼마가 들든 내는 돈보다 내가 앞으로 받아야 할 돈이 더 많다는 사실을 기억하자.

3

내가 투자로 망했던
3가지 이유

매일 손실만 나는 하루하루

나는 예전에 주식 투자를 하면서 한 번도 큰 수익이 난 적이 없었다. 모두 단타만 했다. 잃어버린 돈도 꽤 크다. 아마 시골에 작은 집 한 채 정도 살 수 있는 돈을 주식 시장에 기부한 것 같다. 나의 실패 원인은 여러 가지가 있는데, 그중 한 가지는 기업분석을 전혀 하지 않고 소문이나 뉴스만 믿고 샀던 것이다. 왜 샀는지를 몰랐으니 손실이 나면 팔지도 못하고 몇 달을 들고 있다가 결국 손절매하고 마는 일의 반복이었다. 만약 왜 샀는지 알았다면 지금보다는 더 큰 수익이 났을 것이다. 예를 들면, 오늘 아침에 사서 30분도 안 되어 파는 것이다. 단기 투자를 하다 보면 수익이 날 때는 적게 나고 손실이 날 때는 크게 난다. 10번 하면 7번은 손실로 끝나는 경우가 많다. 아무리 책을 봐도 도무지 알 수 없었다.

그렇게 맨날 깡통만 차던 내가 어느 날부터 수익이 나기 시작했다. 예전에는 10종목을 사면 1~2종목은 수익이 나고 나머지 8종목은 손실이 났지만, 어느 날부터 종목이 보이기 시작했다. 지금은 10종목을 사면 거의 8종목은 수익이 난다. 수익률도 꽤 높다. 이제는 수익이 날 종목과 손실이 날 종목이 거의 80% 확률로 보인다. 이건 아마도 손실을 많이 보다 보니 자연히 생긴 능력인 것 같다. 마치 학교에서 선생님에게 혼나서 체벌로 엉덩이를 맞다 보면 처음에는 무지하게 아프지만 몇 번 맞다 보면 '아, 여기는 피해서 맞으면 되는구나' 하고 안 아프게 맞는 요령을 알게 되는 것과 흡사하다. 예전에는 8종목이 왜 손실이 났는지에 대한 공부를 하지 않고 그냥 운이 없었다고 생각했다. 그러다가 너무 손실이 눈덩이처럼 불어나서 하루는 분석을 해보았다. 도대체 뭐가 문제였을까?

내가 주식으로 실패한 3가지 이유

내가 주식으로 실패한 원인이 무엇인지 나열해보도록 하겠다. 3가지 정도로 말씀드릴 수 있을 것 같다. 수익률에 너무 집착했고, 경험보다 책에 의지했고, 그리고 마지막으로 몰빵 투자를 했다.

첫 번째로 수익률에 집착하다 보면 스트레스가 오고 더 오를 종목도 스트레스로 손절매하게 된다. 크게 수익을 낼 수 있는 종목도 보는 눈이 없어 적은 수익만 얻고 나오게 된다. 몇 번 성공해서 투자 금액이 커지면 손실도 따라서 커진다. 그리고 빚더미에 앉게 된다. 돈 벌려고 시작한 주식 투자인데, 마음의 상처만 남기고 빈털터리가 된다니 말이 되는가? 수익률 2%만 얻고 나오자, 수익률 10%만 얻고 나오자, 이렇게 생각하면 무슨 일이 생길까? 더 오르면 스트레스를 받고, 수익을 못 얻으면 손절매해서 스트레스 받는다. 결론은 내가 고안한 평생 월급 시스템이 아니면 주식으로 돈을 벌기가 매우 힘들다는 것이다. 그리고 스트레스가 쌓이면 병이 되기 때문에 주식 투자를 계속 이어가기도 매우 어렵다.

두 번째로 나는 처음 투자를 시작할 때 주식 관련 책을 무척 많이 샀던 것 같다. 유명한 사람들의 투자 방법과 비법이 있는 책들이다. 어림잡아 50권은 넘을 것 같다. 원래 어떤 공부를 하려고 책을 사는 데는 아끼지 않고 많이 사는 편으로 화장실, 소파, 책상 등 여기저기 비치해놓고 수시로 보는 편이다. 그렇게 많은 책을 읽다 보니 시중에 나와 있는 주식 책들이 말하는 공통점을 발견할 수 있었다.

- 단타보다 중장기 투자로 넘어갔을 때 수익이 커진다.
- 투자금은 천천히 올리는 것이 좋다.
- 트랜드에 맞는 투자를 해라.
- 주도주를 찾아라.

이 정도는 유명한 주식 투자 책들을 보면 공통으로 나오는 부분들이다. 위의 4가지를 안다고 바로 수익이 나기 시작하고, 투자 천재가 될 수 있을까? 무엇이 빠진 걸까? 소림사의 고승과 신입의 차이라고 할 수 있다. 예를 들어 소림사에서 30년 동안 매일 산을 오르내리며 체력과 무술을 갈고닦은 고승이 있다고 하자. 이 고승은 절대의 경지에 올라 있다. 어떤 적을 만나도 단숨에 제압해버리는 강철같은 주먹을 가지고 있기로 유명하다. 아주 빠른 속도로 산에 올라가기도 하며 점프를 해서 사람을 넘어가는 것은 식은 죽 먹기다. 게다가 칼을 다루는 솜씨도 매우 훌륭해서 수십 명이 달려들어도 거뜬히 이겨낸다. 소림사의 10년 된 사람도 부러워하는 경지에 올라 있다.

그런데 오늘 처음 소림사에 들어온 신입이 대뜸 고승이 쓴 책을 보고 1주일 만에 고승의 경지에 오르려고 한다. 그럼 어떤 문제가 생길까? 별거 아니라고 생각하고 그대로 따라 해서 신입생이 무술 이론을 단 1달 만에 숙달했다고 치자. 그렇다고 그 고승처럼 절대의 경지에 올라갈 수 있을까? 답은 실전에 있다. 그 고승은 이론으로만 아는 게 아니라 매일 산을 오르내리며 단련된 체력과 무술로 적을 만나도 단숨에 제압할 만한 내공이 생겼다. 머리로만 아는 신입은 적을 만나도 몸을 단련시키지 않았기 때문에 한 방에 나가떨어질 확률이 매우 높다.

이것은 주식 투자에도 그대로 적용된다. 30년 내공의 슈퍼개미들이 쓴 책을 1달 만에 독파하고 실전 매매에 들어가는 분들이 많다. 성공 확률은 1%도 되지 않는다. 그 1%의 성공을 위해 전 재산을 투자하는 분들도 있다. 정말 큰 사고가 나기 딱 좋은 사례다. 주식 투자를 잘하려고 하면 기초체력을 키워야 한다. 소림사의 고승이 매일 하는 운동처럼 주식 투자도 매일 시장 상황을 읽는 연습을 해야 한다. 그리고 소액으로 사고파는 연습을 1년 정도는 해야 어느 정도 감이 온다. 매수 시점과 매도 시점이 눈에 들어오기 시작한다. 그전에는 욕심만 앞서고 머리만 커졌으니 사고 치기 딱 좋은 시기이기 때문에 무척 조심해야 한다.

세 번째는 한 종목에 몰빵을 했다는 것이다. 주식 시장에서 어떤 종목이 어떻게 될지는 아무도 모른다. 그런데 이 종목은 100% 오른다고 생각해서 한 종목에 크게 투자하게 되면 한순간에 나락으로 떨어질 수 있다. 그래서 지금은 한 종목에만 투자하는 것이 아니라 나눠서 투자하고 있다. 그리고 종목 중에서 차례대로 수익이 나는 것들을 거둬들이는 방법으로 투자하고 있다.

수익이 난 종목은 수익금은 찾고, 원금은 찾는 게 아니라 다시 다른 좋은 종목을 사는 데 투자한다. 쉽게 말하면 나를 위해 100그루의 투자 나무들이 일하게 만드는 것이다. 내가 일해서 월급을 받으면 그 월급에서 일정 부분 투자 나무를 한 그루 사는 데 사용하는 것이다. 그럼 100그루 중 빨리 수익이 나는 놈들이 있고, 늦게 수익이 나는 놈들이 있을 것이다.

한 종목, 그리고 매달 생활비로 써도 충분할 만큼의 자금이 모이기 시작했다. 내가 망했던 이유를 알아차린 순간 수익이 나기 시작했다. 여러분들도 이 3가지를 조심해서 1년 정도 소액으로 매매하면 1년 후에는 반드시 좋은 결과들로 계좌가 붉게 물들게 될 것이다.

4

수익률은 예측하지 말고
하느님께 맡기자

언제 시장이 좋아지고, 언제 시장이 나빠질지는 아무도 모른다. 종목도 어느 종목이 수익이 많이 날까는 신의 영역이다. 많은 전문가가 뉴스에 나와서 "00은 좋습니다. 100% 넘게 오를 겁니다"라고 하는데, 100% 확실하다면 내 전 재산을 다 줄 것이다. 요즘 전문가들의 말을 듣고 고액을 투자했다가 낭패를 보는 사람들이 많다. 처음부터 욕심을 부려서 그렇다. 매달 생활비 정도만 벌면서 기초를 쌓아야 하는데 그 과정을 건너뛰니까 문제가 생긴다. 나는 주식을 시작하려는 분들께 꼭 당부의 말씀을 드리고 싶다. 제발 욕심부리지 말고 매달 생활비 정도의 수익에 집중하자고 말이다. 그럼 나중에는 고액을 투자해도 문제가 생기지 않는다. 내가 산 주식이 떨어지는 경험, 나중에 다시 올라오는 경험, 시장이 하락장일 때와 상승장일 때를 다 겪어봐야 한다. 이것은 마치 자전거를 처음 탈 때는 많이 넘어지지만, 나중에는 언덕, 평지, 비포장을 다 겪다 보면 나름의 데이터가 쌓이는 것과 같다.

주식은 경험이 필수적이다. 유럽의 워런 버핏(Warren Buffett)이라고 불리는 앙드레 코스톨라니(Andre Kostolany)도 이런 말을 했다.

"두 번 파산해야 주식으로 성공할 수 있다."

약간 극단적인 이야기이지만 하락장과 상승장을 두루 경험해보면 어떻게 대응해야 하는지 나온다. 이 부분은 글로 설명하는 데는 한계가 있어 여기까지만 말씀드리고 싶다. 암튼, 주식은 경력과 경험이 필요한데, 남의 말만 믿고 덥석 큰 금액을 투자하니 문제가 생기는 것이다. 전문가의 말은 50% 정도만 믿고 나만의 경험과 비결로 50%를 채워야 한다. 종목에 대한 확신은 공부에서 나온다. 그래서 평소에 공부를 게을리해서는 안 된다.

세상에 사자마자 오르는 주식은 극히 드물다. 대부분 등락을 반복하면서 간다. 언제 얼마나 오를지 아무도 모르기 때문에 나눠서 사야 하고 비중을 나눠서 매수해야 한다. 달걀은 한 바구니에 담으면 안 되는 것이다. 내가 생각하는 가장 훌륭한 주식 투자는 내가 할 수 있는 일에 최선을 다하는 것뿐이다. 수익은 하늘에 맡기는 것이다. 그러면 마음이 편하다. 어떤 종목이 몇 퍼센트까지 수익이 났으면 좋겠다는 생각은 아무리 해도 이루어지지 않는다. 어떤 포도나무는 운 좋게 100% 수익이 날 수도 있고, 어떤 포도나무는 운이 나쁘게 수익이 몇 달 동안 안 날 수도 있는 것이다. 그것은 신의 영역이다.

한 가지 희망적인 사실은 우리나라 주식 시장 40년의 역사를 놓고 보면 수많은 악재 속에서 급락하고 떨어져도 다시 오뚝이처럼 일어났고 주가는 다시 치솟았다. IMF 때도 그랬고, 리먼 사태 때도 그랬다. 주식 시장 전체로 보면 약 40년 동안 우상향하고 있다. 그리고 앞으로도 우상향해서 나아갈 것이라고 나는 확신한다. 그렇게 생각하면 좋을 것 같다. 결국은 오를 것이고 잘될 것이라는 믿음, 이 믿음 하나만 있다면 50%는 이미 끝난 것이다. 이 책을 보면서 나머지 50%는 채워가면 되는 것이다.

기다림의 법칙을 알면 큰 선물이 기다리고 있다

평생 월급 프로젝트의 핵심은 씨앗을 뿌리고 거두어들이는 것이다. 하락장에서는 수익을 작게 잡고 상승장에서는 수익을 크게 잡는 게 큰 패턴이다. 좋은 주식을 바닥에서 샀다면 평균 3년 정도 기다리면 대부분 수익권에 들어가 있는 경우가 많다. 3년 정도 기다릴 수 있는 돈만 넣는 게 중요하다. 당장 다음 달에 쓸 돈은 절대 넣으면 안 된다. 묵은지나 간장을 만드는 심정으로 투자하면 편안하다. 다음 표는 우량한 기업들의 3년 동안의 주가 흐름이다.

삼성전자를 3년 전에 4만 원에 샀다면 지금 2배 조금 안 되게 수익을 낼 수 있을 것이다. 우량한 기업은 떨어져도 계속 떨어지지 않는다. 다시 반등하고 올라오게 되어 있다. 좋은 제품을 계속 만들고 마케팅을 잘하기 때문이다. 1,000만 원을 넣었다면 약 2,000만 원 조금 안 되게 올랐다는 말이다. 적금은 1,000만 원 넣었다면 1,000만 원 정도 돌려

출처: 네이버 증권

받게 된다. 이자까지 포함에서 1,000만 원에 몇십만 원 정도의 조금의 이자가 붙는다. 선택은 여러분들이 하는 것이다. 내 미래를 위해 평생 월급 통장을 만들라고 내가 100번 이야기해도 적금이 좋은 사람이 있을 것이다. 그럼 그냥 자기 스타일대로 살면 된다. 그런데 내 생각은 약간의 위험을 감수하고 평생 월급 통장의 위력을 꼭 체험해보시라고 말씀드리고 싶다. 내가 어렵고 힘들 때 든든한 동반자가 되어줄 것이다.

처음에는 소액으로 시작하자

처음부터 투자 금액이 많다면 문제가 생길 수 있다. 바로 경험 부족으로 인한 손실률이 높아진다는 말이다. 평생 월급 통장을 만들어 몇 년 후에 월 200~300만 원이 평생 들어오게 하는 것이 목적이다. 그리고 나중에는 탄력이 붙어 월 1,000~2,000만 원이 평생 들어오게 하는 시스템을 만드는 게 최종 목표다. 지금 당장 수익을 수백만 원 내고 망하는 게 아니다.

예를 들어 자전거를 처음 타는데 비싼 사이클은 필요가 없다. 자전거 연습을 충분히 할 수 있는 작고 저렴한 중고 자전거만 있으면 되는 것과 같다. 처음에는 매달 10만 원 정도를 목표로 하고 시작하면 아주 좋다. 그 10만 원으로 사고 싶었던 가방을 사도 되고, 신발을 사도 된다. 중요한 건 수익금으로 샀다는 사실이다. 이 맛은 매우 중독성이 크다. 새우깡처럼 한 번 손이 가면 계속 가고 싶어지는 것이다. 한 번 맛보면 다시 찾지 않을 수 없는 지경에 이르게 된다. 그렇게 투자금을 조금씩 늘려나가면 그 수익도 커진다.

반드시 명심해야 할 부분은 처음에는 투자금을 크게 하지 말라는 것이다. 군대에 가면 바로 자대배치를 받는 게 아니다. 훈련소에서 일정 기간 훈련받고 가야 사고가 안 난다. 평생 월급 시스템도 꼭 적응기간을 두고 만들어나가기를 바란다.

5

평생 월급 사이즈를 키우는
4가지 방법

매달 받는 수익을 크게 키워라

내가 고안한 평생 월급 시스템은 투자금이 많을수록 더 큰 수익을 안겨준다. 매달 수익률 상위 종목들 위주로 꺼내 쓰고 다시 메꿔지고를 반복하다 보면 어느새 투자금을 엄청나게 늘리고 싶은 충동이 들 수도 있다. 하지만 처음 1년 동안은 절대 큰 금액으로 하지 말기를 권한다. 처음에는 한 달에 10~20만 원만 번다는 생각으로 하기를 바란다. 처음부터 수억 원을 넣는 우를 범하지 말기 바란다. 그 이유는 여러 가지가 있지만, 특히 하락장과 상승장을 모두 경험해봐야 하기 때문이다. 마이너스에서 플러스로 돌아서는 종목도 봐야 하고, 플러스에서 마이너스로 가는 종목도 경험해봐야 하기 때문이다. 이걸 이론으로만 아는 것과 내 돈이 들어간 종목이 흔들거리는 것과는 천지 차이다. 소액으로 연습을 하면서 반드시 평생 월급 시스템을 꼭 내 것으로 만들기를 바란다. 처음에 큰 욕심만 부리지 않으면 성공할 확률이 매우 높다. 반드시 처음에는 매달 한우고기를 사먹겠다고 생각하면 마음이 아주 편해질 것이다. 소소한 기쁨을 쌓아가다 보면 나처럼 큰돈을 투자해도 매일 편안하게 매매를 이어갈 수 있는 능력이 자동으로 생긴다.

주식은 욕심부리면 망하는 게임이다

주식은 욕심을 부리면 100% 망하는 게임이다. 주식으로 성공하는 방법은 전설적인 투자가 워런 버핏이 말했듯이 좋은 주식을 오래 들고 가는 것이다. 주변을 잘 살펴보면 주식으로 성공한 사람보다 실패한 사람을 더 많이 보게 된다. 왜 그럴까? 머리가 좋고, 실력이 좋은 것은 주식을 하는 데 큰 도움이 안 된다는 것을 여러 책을 통해 알게 된다. 전설적인 투자가들은 한결같이 말한다.

"기다릴 줄 아는 인내심이 돈을 벌어준다."

주식으로 크게 손실을 보는 사람들은 기다릴 줄 모르고 오늘 샀다가 오늘 팔아버리는 매매를 하다가 낭패를 본다. 한두 번은 운 좋게 수익이 날 수도 있다. 상승장에 운 좋게 1년 동안 수익이 날 수도 있다. 사람 심리가 수익이 나면 투자금을 올린다. 여기서부터 망하는 길이 시작되는 것이다. 안정된 투자 방법이 아닌 불안정하고 위험한 투자법에 투자금을 올리면 생기는 일이 있다. 조급해지고 불안해지고 전에는 없었던 걱정과 근심이 몰려온다. 도저히 오래 들고 갈 인내심이 사라진다. 온종일 걱정과 불안에 잠이 오지 않는다. 예전에는 투자금이 적어 1개월을 놔두더라도 큰 걱정이 없었다. 하지만 큰 자금이 한 종목에 들어가게 되면 엄청난 스트레스가 몰려온다. 투자금을 늘리고 하락장에서 제대로 된 한 방을 맞으면 구제 불능의 상태가 된다. 그리고 주식 시장을 떠난다. 내가 경험해봤기 때문에 아주 잘 안다.

주식 투자에서 욕심을 버리면 평생 월급이 생긴다

내가 생각하는 주식으로 성공하는 법은 욕심을 버리는 것이다. 큰 수익을 바라기보다 "매달 생활비만 벌자!" 하는 작은 목표에 집중하면 소소한 즐거움과 함께 큰 기쁨을 누릴 수 있다. 나중에는 노하우가 쌓이고, 투자금도 늘리면서 더 큰 월급을 만들 수 있게 될 것이다. 그러나 그건 나중 문제고, 처음 시작하는 분들이 꼭 지켜야 할 것은 욕심을 버리는 일이다. 해본 분들은 알겠지만, 이것은 매우 어려운 문제다. 10% 수익이 났다고 가정해보자. "아, 더 넣을 걸!" 하는 한숨이 나오게 된다. 그러면 지는 게임이 되는 것이다. 마음가짐을 "와, 이만큼이나 수익이 났어"로 바꿔야 한다. 그럼 노하우가 쌓이면서 평생 생활비가 해결되는 것이다.

나도 예전에 주식을 처음 시작할 때 실수를 많이 했다. 욕심을 부린 것이다. 마치 운전 경험도 없는데 비싼 차를 사고 달리다가 큰 사고를 당하는 것과 같다. 많은 돈을 잃어버리고 한동안 불면증과 스트레스로 일상생활을 하기 힘들었다. 욕심은 패망의 지름길이라고 성경에도 나오지 않는가? 욕심으로 시작한 주식은 결단코 성공하기 힘들다. 수익이 잘 날 때는 상관없지만 악재가 터질 때 제대로 한번 하락을 맞이하면 멘탈이 나가게 된다. 악몽이 시작되는 것이다. 하지만 어느 날부턴가 수익이 계속 나기 시작했다. 바로 욕심을 버리고 매달 생활비에 집중하면서부터다.

목표는 돈을 버는 게 아니라 트레이딩을 잘하는 것

내가 좋아하는 책 중에 《심리투자법칙》이라는 책이 있다. 아마존 금융·투자 분야 베스트셀러이며 100만 부 이상 판매된 책이다. 저자는 의학박사였는데 뉴욕시에서 정신과 전문의로 근무했고 컬럼비아대학교에서 강의했다고 한다. 정신과 의사 경력 덕분에 트레이딩 심리를 꿰뚫어 보는 독특한 통찰력을 얻게 되었다고 한다.

"목표는 돈을 버는 게 아니라 트레이딩을 잘하는 것이다. 트레이딩을 제대로 하면 돈은 저절로 따라온다. 성공한 트레이더는 기량을 연마하길 게을리하지 않는다. 최고의 능력을 발휘하는 것이 돈을 버는 것보다 더 중요하다고 생각한다."

-알렉산더 엘더, 《심리투자법칙》

나는 처음 주식 투자를 하는 분들은 소액으로 1년 정도는 적응 기간을 가져야 한다고 항상 강조하고 있다. 목표는 돈을 버는 게 아니라 트레이딩을 잘하는 것이다. 트레이딩을 어느 정도의 수준으로 끌어올리면 돈이 자동으로 따라오게 된다. 어디서 사면 되는지, 어디서 팔아야 하는지는 수많은 경험에서 나오기 때문이다. 축적된 경험은 평생 월급을 받는 시스템에서 중요한 점이다. 그 경험이 누적되면 나중에는 투자 금액을 수억 원으로 늘리더라도 문제가 생기지 않는다. 동네 뒷산도 못 오르는 사람은 히말라야에 데려다줘도 당연히 못 올라갈 것이다.

6

큰돈을 버는 사람들이
목숨 걸고 지키는 원칙

추세매매로 400만 원 수익을 내고 있는 김OO 회원의 이야기

여러분들이 주식을 하다 보면 다음의 자료처럼 수백만 원의 수익이 나는 경우가 있다. 수익이 많이 나올 때 바로 팔아서 수익을 챙겨서는 안 된다. 나무를 심는 마음으로 더 큰 열매가 많이 달릴 때까지 놔두는 것이다. 아직 익지도 않은 사과를 나무에서 따버린다면 칭찬받을 만한 일은 아니다. 사과가 무르익을 때 거둬들여야 농사를 잘 지은 것이다.

주식으로 예를 들면 다음 자료의 수익 인증은 내가 운영하는 네이버 카페에서 김OO 회원님의 인증 사진이다. 나는 현재 2개의 네이버 카페를 운영하고 있는데, 1개는 TM 영업 관련, 1개는 투자 관련이다. TM 관련 책은 네이버에 '김우창 작가'를 치면 책들이 나온다.《생초보도 TM 영업으로 10억 버는 비법》,《청년 백수에서 억대 연봉 콜센터 팀장이 된 비결》이렇게 총 2권의 책을 펴냈고, 이 책이 나오면 3

번째 책이 된다. 절판되기도 했던 책들이라 TM 업계에서는 꽤 유명한 책들이다. 예전에는 TM 반에서 투자반을 신청한 분들이 많아 그분들에게만 진행했고, 외부인들은 따로 받지 않았다. 추세매매가 수익이 크게 나오다 보니 그런지도 모른다. 이제는 책이 나오고 홍보도 해야 하니 더 받을 생각이다. 다음 사진은 그 투자반의 많은 회원 중 한 분의 것이다. 이분의 주식계좌 현재 총 손익은 428만 원이다. 카페 관련 설명은 다음에 더 드릴 예정이다.

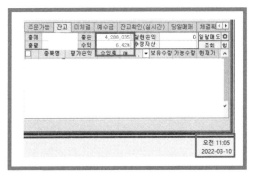

2022년 3월 10일의 투자 수익을 인증한 김OO 회원

주식은 매수심리와 매도심리가 함께 작용하는 것이므로 아무리 100% 올라가는 좋은 주식이라도 수익이 나면 심리적으로 팔아버리고자 하는 욕구가 있다. 두 개의 방법을 제시해보겠다. 어떤 것이 더 현명한 선택인가?

1. 바로 428만 원의 수익을 실현한다.
2. 좋은 종목을 저점에서 샀다면 더 가져가본다.

나는 회원분들에게 2번을 추천해드린다. 왜? 위치 선정, 종목 선정이 탁월하기 때문이다. 초보분들은 428만 원에서 수익을 내고 나오겠지만 우리 투자반에서는 최소 2,000~3,000만 원은 만들어서 나온다. 시장 상황과 여건에 따라 달라질 수 있어서 매도 사인을 다 드린다. 차트가 움직이니 내 투자 통장 잔액도 400만 원, 500만 원, 300만 원, 700만 원, 1500만 원 하면서 오르고 내리고를 반복하게 된다. 올라가는 추세에서는 수익이 얼마가 났든 팔면 안 된다. 종목 선정이 탁월한 상황에서 수익을 조금만 내고 나오는 일은 절대 없어야 한다. 종목 선정이 좋다는 가정하에 추세매매는 고수익이 나기 때문이다.

하지만 초보자들은 심리적으로 매우 약해서 조금 오르다가 떨어지면 무서워서 다 팔아버린다. 추세가 살아 있어도 급락하는 때도 있는데 그런 경우에는 이런 말도 한다.

"아, 그때 팔 걸!"

투자하면서 주의해야 할 것이 있다. 아직 익지 않은 사과를 따버리는 실수를 저지르면 안 된다는 것이다. 나무를 심고 사과를 수확할 때는 반드시 무르익었을 때 수확해야 한다. 저점에서 좋은 종목을 샀다면 흔들리더라도 추세가 살아있으면 꼭 들고 가야 한다. 무르익었을 때 수익을 내고 나오는 전략을 써야 한다. 결국에는 올라가는 중인 주식을 바닥에서 샀다면 큰 시세가 나오게 되어 있다. 그럼 저 400만 원의 투자 통장 잔액은 금세 2,000만 원, 4,000만 원으로 불어난다. 거짓말이라고 생각할 수도 있다. 그래서 소액으로 연습을 1년 정도 해보라고 하는 것이다. 이건 실제로 경험해보지 못한 분들은 좀 이해하기 힘든 부분이기 때문이다. 대부분 은행이자 1~2%에 적응되어 있다 보니 생기는 일들이다. 단기적으로 2~3%만 먹고 나오는 단기 투자자분들은 반드시 추세매매를 배워서 부를 쌓는 연습을 해야 한다.

잘 배워서 투자로 큰돈을 버는 분들은 이 원리를 잘 이용해 조기에 팔아버리는 실수를 하지 않는다. 세계적인 투자자들, 슈퍼개미들을 보자. 매스컴에서 나오는 선수들을 보면 소액으로 큰돈을 만드는 사람들이다. 1,000만 원으로 수십억 원을 만드는 것을 보지 않는가? '추세가 꺾이지 않았다면 계속 들고 간다'라는 이 원칙을 잘 지킨다면 여러분들의 앞날에 큰 축복이 함께할 것이다.

추세매매를 통해 회원들의 수익이 크게 나는 이유

나는 TM 영업을 10년 넘게 해오면서 주식 투자도 같이 해오고 있다. 가끔 주식 투자 수입이 회사매출보다 많을 때도 있다. 바로 추세매매를 하기 때문이다. 추세매매는 큰 수익을 가져다준다. 그런 비법을 가지고 수강생들에게 나눠주는 일도 하고 있다.

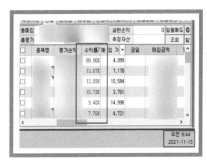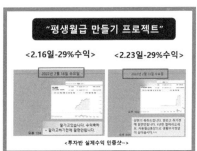

회원들의 실제 수익 인증샷

나는 몇 년 전부터 추세매매를 하는 투자반을 운영 중이다. TM 영업카페에서 투자반을 동시에 하다가 이번에 하나 만들었다. 원래는 네이버 카페 '한국텔레마케팅코칭협회'에서 TM 영업으로 억대 연봉자를 만드는 게 내 주특기다. 초보도 억대 연봉을 받는 텔레마케터로 만들어준다. 그리고 동시에 투자반도 진행했었는데 이번에 나눠버리기로 결심했다.

네이버 카페 '주식으로 은퇴준비'는 신규 카페다. 오셔서 많은 도움 받으시면 좋겠다. 그리고 유튜브 채널 '김우창작가TV'에서 텔레마케팅과 주식 강의를 같이 하고 있다. 관심 있다면 들러보셔도 좋을 것 같다. 단, 종목 상담은 법적으로 금지되어 있어 비법과 정보만 드릴 수 있음을 알아주셨으면 좋겠다. '김우창작가TV'에서는 매주 주식 특강도 진행하고 있으며, 주식 투자 3주 과정도 운영 중이다. 특히, 우리 회원들은 평생 월급반에서 저점에서 추천을 많이 해드린다. 하루에 추세매매로 30%, 많게는 89% 수익을 내고 나오는 경우도 많다. 평생 월급반이란 많이 저평가된 좋은 주식을 매수, 매도 신호를 드리는 공부방이다. 소액으로 연습하다가 적응되면 투자 금액을 조금씩 늘리면 매달 월급을 한 번 더 받는 효과를 누릴 수 있을 것이다.

그리고 추세매매 주식 공부가 정말 급한 분은 좋은 방법이 있다. 바로 나에게 카톡을 주셔도 된다. 카톡 아이디는 'speed01179'이다. 카톡을 보내거나 매주 주식 특강을 토요일에 하니 그걸 신청하면 된다. 정말 공부하고 싶으신 분들만 카톡을 주시고 특강을 신청하시면 감사할 것 같다. 내가 현재 TM 영업 관련 강의를 하다 보니 답장을 못 하는 경우가 많다. 사실 TM 영업 강의로 고수익을 얻는 수강생들이 많다. 한 달에 3,000만 원 버는 분들도 있다. 하지만 그 돈을 불릴 줄 모르는 데 안타까운 마음이 들어 투자반도 같이 진행하고 있다. 나의 가장 큰 꿈 가운데 하나는 수강생들도 부자가 되고, 나도 부자가 되어 같이 세계 여행을 다니는 것이다. 생각만 해도 신나지 않는가?

어떤 문의도 좋으니 카톡을 주시면 최대한 성의껏 답장을 드리겠다. 순서대로 답변을 드리니 1~2일 정도 여유를 두고 문의한다고 생각해 주시면 된다.

전문가와 함께하면 큰일을 할 수 있다

주식 투자는 반드시 지켜야 할 규칙이 한 가지 더 있다. 전문가의 도움을 받으면 2배 수익 낼 것을 10배 수익으로 낼 수 있다는 것이다. 경험과 비법의 문제다. 예전에 삼성전자 주식이 2만 원 할 때 전문가의 도움을 받았다면 지금 3배 정도 수익을 얻을 수 있었을 것이다.

예를 들어, 2명의 주린이가 있다고 가정해보자.

A주린이의 투자 금액 1,000만 원
▶ A주린이는 혼자 열심히 하다가 반토막이 나서 500만 원이 되었다.

B주린이의 투자 금액 1,000만 원
▶ B주린이는 전문가의 도움을 받아 2,000만 원으로 불렸다.

둘의 수익 차이는 약 1,500만 원이다. 누가 더 현명한 투자자일까? 투자 금액이 적어서 그렇지 전문가의 도움을 받아 나중에 제대로 배워서 한다면 5,000만 원이 5억 원이 되는 건 시간문제다. 그래서 전문가가 필요하다. 부자들도 주식 투자를 한다. 큰 부자들이 일일이 자신이 주식 창을 보고 매매를 할 것 같은가? 아니다. 전문투자 자문사의 도움을 받아 큰돈을 더 크게 만든다. 그리고 자신은 업무에 집중하는 것이다. 나의 수강생들도 대부분이 TM 상담사들이다. 업무가 바쁘다 보니 주식 투자를 할 시간이 없다.

100만 원으로 110만 원을 만드는 것은 위험성이 낮아 혼자 해도 된다. 하지만 5,000만 원을 5억 원으로 만드는 것은 전문가의 도움을 받아야 한다. 그러면 적은 힘으로 큰일을 해낼 수 있다. 바로 지렛대의 원리다. 무거운 돌을 혼자 옮기면 허리디스크가 온다. 지렛대의 원리를 이용해 쉽게 옮기는 일은 반드시 배워야 한다. 국가대표 선수들이 금메달을 따서 세계적으로 유명해지는 것도 좋은 코치를 만나야 가능하다. 피겨여왕 김연아도 세계적인 코치 브라이언 오서를 만났기 때문에 대회에 나가 신기록을 세우고, 그렇게 수백억 원을 받고 광고도 찍고, 방송 활동도 하는 것이다.

내가 전문가가 아니라면 전문가의 도움을 받으면 좋다. 요즘에는 이상한 사기꾼들이 많아서 반드시 전문가 선택에서는 조심해야 한다. 내가 아는 사람은 전문가 말을 믿고 투자를 진행했다가 큰 손해를 입어 지금도 그 충격에서 헤어나오지 못하고 있다. 한 가지 당부의 말을 드리면 어떤 전문가를 만나더라도 소액으로 확인해야 한다는 것이다. 이 사람의 실력이 진짜인지 가짜인지 반드시 확인과정을 거쳐야 한다. 그 과정을 거쳐야 함께 멀리 같이 갈 수 있는 조건이 된다.

7

이런 차트를 보면
빨리 팔아라

추세가 꺾인 것을 쉽게 알 수 있는 방법

그럼 추세에 관한 설명을 더 자세히 해보고자 한다. 다음은 '고려시
멘트'의 차트다. 추세가 살아있는 것 같은가? 빨리 팔아버려야 할 것
같은가?

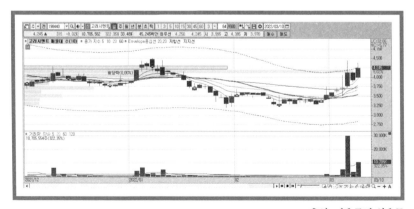

출처: 키움증권 영웅문

여러분이 앞서 차트에서 만약 3월 초에 적당한 자리에서 저점매수를 했다고 하자. 그럼 이 종목은 추세가 이탈하기 전까지는 무조건 들고 가야 한다. 중간에 음봉이 나올 수 있다. 그래도 당황하거나 손절해서는 안 된다. 충분한 시세가 다 나오려면 아직 더 가야 한다. 여러 가지를 보고 판단해서 이 종목이 더 갈 수 있는지 항상 조사해야 한다.

다음은 '까뮤이앤씨'의 차트다. 추세가 살아있는 것 같은가? 아니면 빨리 팔아버려야 할 것 같은가?

이 차트는 1월에 고점을 찍고 이후 약간 횡보하는 모습을 보여주다가 어떻게 되었는가? 아래로 곤두박질치는 것을 볼 수 있다. 그럼 이런 내림세가 나와 추세가 꺾였다고 판단이 되면 재빨리 수익실현을 해야 한다. 그렇지 않으면 저 밑으로 내리 꽃히는 공포를 경험하게 된다. 고수들이 초보와 다른 점이 바로 이런 부분을 알아채는 능력이 탁월하다는 것이다. 이런 추세를 빨리 찾아내는 사람들은 한 달에 수천만 원을 버는 것이고, 못 찾아내는 사람들은 매달 깡통을 차는 것이다.

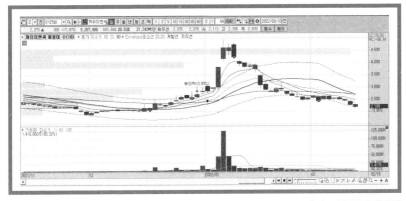

출처: 키움증권 영웅문

추세를 잘 보는 것이 이렇게 중요하다. 이것을 잘 보면 큰 손실을 막을 수 있고, 수익은 크게 낼 수 있다. 많은 사람이 주식을 해서 망하는 이유는 이런 좋은 종목의 추세를 좋은 지점에서 샀어도 들고 갈 용기가 없기 때문이다. 그런 용기는 경험에서 나온다. 그래서 나는 회원분들에게 공부를 강조한다. 처음에는 소액으로 그런 용기를 몸으로 체득하는 과정을 거치라고 조언해준다. 처음부터 큰 금액은 금물이다.

다음은 실제 카페회원들의 후기다. 이런 식으로 중장기로 추세매매 정보를 알려주고 수익이 나면 매도 시점도 알려준다. 직장인들도 쉽게 따라 할 수 있어 매우 인기 좋은 프로그램이다. 문의는 언제나 환영이니 카톡 주시면 감사하겠다.

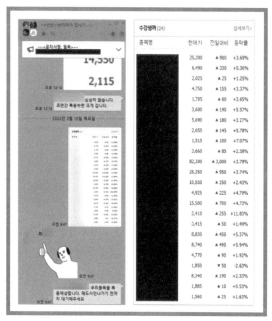

2022년 3월 10일 회원들이 하루 만에 수익 달성한 후기

만약, 투자 후 400만 원 수익 중이라고 가정해보자. 수익금이 500만 원, 600만 원, 1,000만 원으로 점점 넘어가는 확신이 드는 종목을 샀고, 추세가 꺾이지 않았다면 6개월에서 1년은 들고 가야 한다. 중간에 살짝 꺾일 수는 있다. 제발 그런 것에 겁먹지 말자. 회원들이 보유한 종목 중에는 추세가 살아 있는 종목들만 가져간다. 꺾인 종목들은 팔아서 꼭 수익실현을 해준다. 1~2종목 정도는 애교로 조기에 처분하는 때도 있다. 하지만 추세가 살아 있고 좋은 종목은 장기간 보유하도록 권해드린다.

지금까지 추세의 원리를 이용한 매매방법에 대해 말씀드렸다. 처음에도 말씀드렸다시피 내가 평생 월급 통장을 만들어서 시스템을 구축하는 이유는 현재의 먹고사는 문제가 아니라 나중에 수입이 없을 때를 대비하기 위한 것이다. 수익실현은 추세가 꺾였을 때만 한다. 그리고 다 써버리지 말고 월급 통장으로 사용할 수 있도록 별도의 통장에서 관리해야 한다. 원금은 다시 다른 종목을 매매하는 데 사용하고, 수익금은 차곡차곡 쌓아놓아야 한다. 이 원칙을 지킬 때 평생 월급 시스템이 가능해진다. 앞으로 여러분들의 앞날에 찬란한 수익이 빛나기를 진심으로 기도한다.

투자만 하면 손실 나는데
좋은 매매법이 있나요?

담아놓는 투자법은
큰 수익을 준다

급등하는 주식을 따라가면 손실 나는 이유

주식 시장은 따라가면 망하고, 담아두면 수익이 나는 게임이다. 이걸 알면 돈을 벌 수 있다. 주로 따라가는 매매는 급등주 매매라고 한다. 이 매매법의 특징은 고도의 훈련이 된 트레이더들만 돈을 벌게 되어 있다. 일반 아마추어들은 급등주를 매매하다 큰일 나는 경우를 많이 보았다. 그 이유는 경험이 없기 때문이다. 급등주 매매의 특징은 단기간에 큰돈을 버는 것이다. 담아두고 오래 보는 매매가 아닌 단기간에 큰돈을 버는 매매를 하면 자연히 급등하는 주식에 눈이 간다. 신기한 일이다. 계속 갈 것 같아서 따라가면 무슨 일이 생길까?

계속 올라가면 좋겠지만 바로 고꾸라지는 시련을 겪게 된다. 그래서 본의 아니게 장기 투자를 하게 되는 일이 발생한다. 돈을 벌려고 주식을 하지만 사실 돈을 번다는 생각을 가지면 주식이 힘들다.

그 이유는 수익에 초점이 맞춰져 있기 때문이다. 수익은 적당한 때가 되면 주어지는 선물과 같은 것이다. 수익은 좇아가는 게 아니라 따라온다는 표현이 적당할 것이다. 좇아가는 투자는 급등주에 물리게 되고, 내 계좌는 박살 나는 고통을 받는다. 이것은 진리다. 좇아가는 투자는 절대 멀리해야 한다.

하지만 90%의 투자자들은 양봉, 고점에서 들어가는 것을 매우 좋아한다. 많은 사람이 사니 군중심리에 의해 나도 모르게 손이 나가는 것이다. 이러한 매매법이 성공할 확률은 10%도 되지 않는다. 10번 하면 9번은 실패한다는 말이다. 그 이유는 아래에서 샀던 사람들의 매도 심리 때문이다. 주식은 일정 부분 올라가면 아래에서 샀던 사람들이 팔고자 하는 수익실현 매물이 생긴다. 그리고 올라갔던 주식은 곤두박질치게 된다. 반드시 좋은 주식을 미리 저점에서 담아두고 수익이 나면 거둬들인다는 농부의 마음을 가지면 하루하루가 편안하고 즐거워진다.

나는 주식 투자는 책 속에 답이 있다고 믿는 사람이다. 그래서 매달 10권 이상의 책을 사고 본다. 그중에서 니콜라스 다비스(Nicolas Darvas)가 쓴 책이 마음에 들어 읽어 보던 중 이러한 내용이 있었다.

"자동차가 나오기 이전의 시대에는 영리한 주식 투자자들이 철도 주식에 투자했는데 그것은 철도가 짐마차나 역마차를 대체하리라는 사실을 알고 있었기 때문이다. 그 후 발 빠른 투자자들은 철도 주식에서 자동차 주식으로 옮겨갔다. 제너럴모터스나 크라이슬러와 같은 미래를 내다보며 확장하고 있는 회사들은 그 당시 비교적 작은 회사였다. 하지만 그들은 미래를 내다봤다. 그때 이러한 주식을 매수해 보유하고 있던 사람들은 큰돈을 벌었다."

-니콜라스 다비스,《나는 주식 투자로 250만 불을 벌었다》

다비스가 250만 불을 벌었다는 매매법의 핵심은 바로 "매수해 보유하고 있던 사람들은 큰돈을 벌었다"고 하는 부분이다. 급등주를 좇아가는 사람들은 보유하고 오래가져가지 못한다. 그리고 큰 수익을 보지도 못하고 증권사에 매번 거래세만 기부하는 일을 한다. 수익도 적고 매매를 하면 할수록 지치고 피곤해진다. 다비스가 말하는 내용을 새겨들어야 한다. 그의 매매법은 좋은 주식을 오래 보유하는 것이다. 담아놓고 기다리는 매매법이다. 평생 월급 시스템에서 강조하는 부분도 바로 이 부분이다. 수익에 눈이 멀어서 투자하지 말고 씨를 뿌리는 농부의 심정으로 좋은 주식을 담아놓고 기다리는 매매를 해보자. 그럼 머지않아 좋은 일들이 가득하리라 생각한다.

담아두는 투자를 하는 사람들의 6가지 특징

타이밍이 보인다

뉴스에서 아무리 좋다고 떠들어대도 담아둔다는 생각으로 투자를 하는 사람에게는 고점과 저점이 보이게 마련이다. 고점에서 좋다고 떠들어댄다면 그 주식을 걸러낼 수 있는 능력이 생기는 것이다. 타이밍이 보이는 것이다. 많은 투자자가 겪는 고충 중에 한 가지는 투자 타이밍을 잘 못 잡는 것에 있다. 그 타이밍은 담아놓는 투자자들에게는 훤히 보인다. 담아둔다는 말은 김치를 김장독에 묻어둔다는 느낌이다. 질 좋은 와인을 와인 통에 넣고 묵혀놓는다는 느낌이다. 이런 능력은 어디서 오는 것일까? 바로 담아두고 수익을 낸다는 마음가짐으로 투자하면 좋은 일들이 많이 생길 것이다. 다음의 차트를 보자. 어디서 사야 할지 한번 맞혀보자.

출처: 네이버 증권

앞서 차트에서 사야 할 지점은 1,568~1,792원 부근이다. 그리고 2,128~2,464원까지는 팔아야 할 지점이다. 여러분이 이 차트를 보고 사야 할 지점과 팔아야 할 지점이 보였다면 분명 고수의 반열에 오른 사람들일 것이다. 반대로 2,325원에서 비중을 실어준다거나, 추가로 더 매수한다는 생각을 했다면 손실이 날 확률이 매우 높다. 그런 분들은 초보자일 가능성이 매우 크다. 초보자들이 가장 많이 하는 실수가 바로 이런 부분이다. 사지 말아야 할 부분에서 사고, 팔아야 할 부분에서 추가 매수하고, 사야 할 자리에서 팔아버리는 것이다. 그럼 평생주식을 해도 돈을 벌지 못하게 된다. 매우 안타까운 일이다. 피 같은 돈을 타이밍을 잘 못 맞춰서 다 날려버리는 실수를 할 수 있다. 주식은 타이밍이 매우 중요하다는 것을 꼭 잊지 말도록 하자.

심리적으로 이기고 들어간다

우리가 주식을 하면서 흔들리는 이유는 여러 가지가 있다. 소문의 위력, 뉴스의 위력에 휘둘리기 때문이다. 이들의 힘은 대단하다. 최고점에서도 매수 버튼을 누르게 하는 마력을 가지고 있다. 선수들도 당하고, 프로들도 당한다. 몇 년치 월급을 한 방에 날리게 만들기도 한다. 그 힘 좋은 뉴스나 소문을 이기는 방법이 있다. 바로 담아두는 투자법이다. 이 투자법은 아무리 주변에서 사라고 해도 내가 심리적으로 안정이 된 상태이기 때문에 휘둘리지 않는다. 담아둘 때 공부했기 때문에 기업에 대한 확신과 자신감으로 꽉 차 있다. 다음의 차트를 보자. 어디서 사야 심리적으로 이기고 들어갈 수 있을까?

일   주   월

팜스토리 시 1,010 고 1,025 저 1,000 종 1,025 ▲ +20 +1.99% 거 575,807
이동평균 5 20 60 120

최고 2,715 (3.50%) ▼   **2,810**

2,580

2,322

2,064

1,806

1,548

1,290

1,032

774

516

▲ 최저 593 (373.86%)

186m

93.2m

거래량 575,807

11월   2020   3월   5월   7월   9월   11월   2021   3월

출처: 네이버 증권

앞서 차트에서 심리적으로 이기고 들어가는 방법은 사는 시점을 주가 774~1,290원 부근으로 잡는 것이다. 그럼 1,548원 부근과 1,806원에서 아무리 흔들어대도 버티기가 가능하다. 손실 중이 아니라 수익 중이기 때문이다. 그럼 수익률은 조금 흔들릴 수 있겠지만 결과적으로 상향추세에 있고 2,800원 부근까지는 충분히 갈 수 있게 된다. 심리적으로 이기고 들어가야 승산이 있다. 만약, 고점 2,580원 부근에서 샀다면 하루하루 고통 속에 살 수밖에 없다. 계좌는 계속 파란불이 들어와 있고, 손실이 점점 커지면서 심리적으로 매우 힘들게 되기 때문에 결국 손절매하게 된다. 명심하자. 심리적으로 이기는 게임을 해야 한다.

PART 2 · 투자만 하면 손실 나는데 좋은 매매법이 있나요? • 67

분별력이 생긴다

주변에서 좋은 주식이라고 추천해도 담아놓는 투자를 하는 사람은 고점인지 저점인지를 살펴보고 올라갈 여지가 있는지 분석을 한다. 그럼 그 주식을 투자 대상에서 제외할지, 매수할지를 보는 분별력이 생기게 된다. 경지에 이른 고수의 느낌이 나지 않는가? 주식 투자를 하면서 고수들의 투자법을 보면 90% 이상이 담아두는 투자를 한다. 주식용어 중에서 '텐배거'라는 말이 있다. 이 말은 10배 수익을 낸다는 의미다. 그래서 슈퍼개미 중 10배의 수익을 내는 사람들도 담아두는 투자를 잘하는 사람이다. 다음의 차트를 보자. 이런 주식을 누가 7,000원에 추천을 해주었다. 사야 할까? 한번 판단해보자.

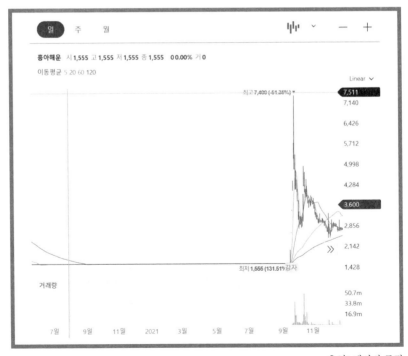

출처: 네이버 증권

앞 차트에서 1,428~2,142원 부근에서 샀다면 큰 수익을 낼 수 있었을 것이다. 반대로 고점 부근인 6,426~ 7,511원에서 누군가의 추천으로 샀다면 큰 손실을 보게 되었을 것이다. 주식으로 돈 좀 벌어보려고 하다가 집안이 망하는 경험을 하게 되는 것이다. 좋은 자리를 보는 분별력이 없이 주식을 하면 큰코다친다.

사람은 심리적으로 올라가는 주식을 보면 손이 나가고 사고 싶어지는 충동이 매우 강하게 일어난다. 반대로 떨어지는 주식을 보면 바로 팔아버리고 싶어진다. 그래서 주식 차트를 보면 어디서 사야 하고 어디서 팔아야 할지에 대한 분별력이 매우 중요하다. 이것만 알면 돈 버는 것은 시간문제다. 명심하자. 분별력이 생명이다.

시장이 흔들려도 걱정하지 않는다

대부분의 담아두는 투자를 하는 사람들은 저점에서 쌀 때 매수한다. 아니면 눌림목에서 산다. 고점에서 사는 게 아니다. 그러므로 시장 상황이 좋지 않아도 큰 손실을 보지 않는다. 이미 많이 떨어졌기 때문이다. 주식 명언 중에 이런 말이 있다. '가격이 싼 것이 가장 큰 호재다.' 실적이 좋은 기업이 가격이 비싸다면 그 기업은 악재가 가격이 비싼 것이다. 호재와 악재의 구분은 매수 시 결정되는데 저점에서 매수하는 사람은 호재에 사는 것이다. 그러므로 가장 큰 호재에서 매수하는 연습을 많이 해야 한다. 그럼 손실은 적고 수익은 크게 날 수 있게 된다. 이 차트를 보자. 어디가 가장 걱정되는 부분인가? 그리고 몇 달 후에 주가는 어떻게 되었는가?

출처: 네이버 증권

앞 차트에서는 2,028~3,380원 부근에서 샀다면 고수다. 기업의 가치를 보고 저점에서 매수할 수 있는 눈이 있는 투자자들이다. 이런 사람들은 주식 투자로 큰돈을 버는 경우를 많이 봤다. 사실 저런 눈을 가지려면 소액으로 많은 경험을 해봐야 한다. 그럼 좋은 주식을 싸게 살 수 있는 눈이 생긴다. 그리고 손실을 볼 때보다 수익을 낼 때가 더 많아지면 계좌가 하루가 다르게 살찌고 불어나게 된다. 반대로 6,760~7,436원에서 사는 버릇을 들이면 생기는 일들이 있다. 주식을 할 줄 모르기 때문에 대부분 이런 투자자들은 돈을 다 잃는다. 쉽게 말하면 주식 시장에서 돈을 벌지 못하고 투자 금액 전부를 기부하게 된다. 그리고 마음에 큰 상처를 받고 가정이 한순간에 몰락하는 일을 겪게 된다. 명심하자. 주식은 싸게 사는 것이 장땡이다. 아무리 좋은 주식도 고점에서 따라 들어가는 매매는 절대로 하지 말자. 싸게 사서 비싸게 파는 전략을 마음속에 새기자. 오늘부터 맹세하자. '아무리 좋은 주식도 저렴하지 않으면 사지 않는다.' 이 맹세가 여러분을 경제적 자유의 길로 이끌어줄 것이라 믿어 의심치 않는다.

돈이 들어오는 투자를 한다

돈을 번다는 느낌이 아니라 담아놓는다는 느낌을 가지면 저점에서 사게 되고 고점에서 팔게 된다. 버는 게 아니라 벌리는 것이다. 이런 매매가 큰 수익을 안겨준다. 수익률에 눈이 멀면 담아놓는다는 생각을 못 하게 된다. 따라가는 투자를 하다가 피 같은 돈을 주식 시장에 기부하게 되는 일이 생긴다. 돈이 들어오는 투자를 하려면 먼저 담아놓고 기다리는 인내심이 필요하다. 인내심이 강한 사람들은 모두 세계적인 부자가 되어 있다는 사실을 기억하자. 특히 찰리 멍거(Charles Munger)의 경우 90세가 넘어도 투자의 귀재로 불리지 않는가? 결국, 돈을 벌어주는 투자는 담아놓는 투자다. 사실 좀 지루할 수도 있다. 당장 눈에 보이지 않는 수익 때문에 지칠 수도 있다. 그래서 평소에 종목 공부가 필수로 따라와야 한다. 기업에 대한 확신만큼 인내할 수 있다. 기업에 대한 믿음만큼 투자 금액이 늘어난다. 그리고 그만큼 수익도 커지고 내 장래도 밝아진다. 이 사실을 꼭 기억하자. 돈이 들어오는 투자는 담아놓는 투자다. 다음의 차트를 보자. 어디서 사야 돈이 벌릴 수 있는지 찾아보자.

삼목에스폼 시 **11,950** 고 **12,350** 저 **11,500** 종 **11,650** ▼ **550 -4.51%** 거 **249,679**
이동평균 5 20 60 120

Linear ∨

최고 24,550 (-4.68%) ▼

23,400

20,890

18,801

16,712

14,623

12,534

10,445

8,356

▲ 최저 7,370 (217.50%)

거래량 **249,679**

3.84m

1.92m

2021   3월   5월   7월   9월   11월   2022

출처: 네이버 증권

  앞 차트에서 돈을 버는 자리가 어디인가? 바로 8,356~10,445원 부근
이다. 이런 자리는 황금 자리라고 말하고 싶다. 나에게 매달 황금을 가
져다주는 자리다. 많은 투자자가 16,712~23,400원 부근에서 산다. 그
리고 매우 큰 고통을 당한다. 투자 고수들은 대부분 황금 자리에서 사서
긴 시간의 인내로 버티고 큰 수익을 낸다. 그 돈으로 집을 사기도 하고,
차를 사기도 하고, 자녀를 좋은 학교에 보내기도 한다. 전형적인 부자들
의 소비패턴이다. 하지만 황금 자리에서 사지 못하고 급하게 올라가는
자리에서만 사는 분들이 있다. 그분들은 투자금을 거의 날린다. 또 화가
나서 투자 금액을 늘린다. 그리고 더 큰 손실을 겪는다.
  투자하기 전에 반드시 확인하라. 김우창 작가가 말하는 황금 자리에서 샀는가? 아니면 고점에 따라 들어가는 매매를 했는가? 지난 한 달 동안 자신이 투자한 종목의 차트를 보면서 어디서 샀고, 어디서 팔았는지를 확인해보라. 내 말이 맞는지 아닌지 30초면 금방 알 수 있을 것이다. 돈이 들어오는 투자를 하려면 황금 자리를 보는 눈을 길러야 한다. 그럼 돈이 들어온다. 지금도 많은 사람이 거래량 상위 종목을 보면서 '오늘은 어떤 종목이 거래가 많이 들어오지?'라며 고점 부근임에도 들어가는 실수를 범하고 있다. 그리고 큰 수익을 내는 꿈을 꾼다. 1~2번은 성공하겠지만 결국 돈을 잃는 투자를 하게 된다. 명심하자. 오늘부터 돈이 나가는 투자가 아니라 돈이 들어오는 투자를 하자.

수익은 시간이 주는 선물이라는 것을 안다

똑같은 돈으로 똑같이 주식 투자를 해도 장기적으로 계속 수익이 나는 사람은 시간을 잘 이용할 줄 아는 사람이다. 그런 사람은 오래도록 부자가 된다. 단기적으로 큰 수익을 내는 사람이 더 부자처럼 보일 수는 있지만 계속 부자가 되는 게 중요하다. 잠깐 부자였다가 쪽박을 차는 사람이 많은 곳이 주식 시장이기 때문이다. 수익은 내가 내는 게 아니라 시간이 내준다는 것을 이해해야 한다.

주식 투자를 하면서 수익을 내려고 하면 망하는 이유가 시간을 활용하지 못해서다. 시간을 이용하지 못하면 실력도 무용지물이 된다. 담아놓는 투자법을 이해하려면 시간을 먼저 이해해야 한다. 다음의 차트를 보자. 어디서 사면 시간이 나를 도와줄 수 있을까를 생각해보자.

출처: 네이버 증권

앞 차트를 보면 어디서 사야 시간으로 돈을 벌 수 있을까? 내 생각에는 136,428~204,642원 부근이다. 여기서 사는 사람들은 자신의 업무도 하고 아이들과 즐거운 여행도 다녀도 결국에는 시간이 지나면서 부자가 된다. 대부분 아무리 좋은 주식도 저점에서는 많은 사람이 다 팔아버린다. 심리적으로 매우 불안하고 손실에 대한 충격이 크기 때문이다. 하지만 고수들은 종목이 좋고 가격도 좋다면 과감하게 매수하고 기다린다. 이것이 고수와 하수의 차이다. 하수들은 저점에서 팔아버리고 다시 다른 종목 중에서 고점에 또 들어간다. 그리고 손실은 2배로 커지고 결국 주식 시장을 욕하면서 떠나게 된다. 이런 이야기는 과거에만 일어났던 일이 아니라 지금도 주식 시장에서 매일 일어나고 있

74 • 주린이도 평생 월급 받는 주식 투자 시스템

다. 시간에 투자하지 못하는 매매로는 주식 시장에서 돈 벌기가 매우 힘들다. 세계적인 부자들의 매매패턴을 보라. 대부분이 시간에 투자하는 사람들이다. 한 종목에 3년, 5년, 10년을 투자하는 것을 보라. 오늘부터 한 가지만 결심하자. '나는 오늘부터 저점에 사서 시간에 투자하는 사람이 되겠다'라고 말이다. 그럼 오늘부터 시간을 잘 활용하는 투자자들이 되도록 하자.

2

고수들만 아는
'주봉돌파 매매법'

바닥에서 강력한 돌파가 나오는 종목 1

많은 분이 주식을 어려워한다. 가장 큰 이유는 어떤 주식을 어디서 사서 언제 팔아야 할지에 대한 분명한 기준이 없기 때문이라고 생각한다. 나 또한 매우 많은 시간을 들여 공부를 해보았다. 언제 사는 것이 가장 저렴한가? 바닥에서 사서 몇 개월, 몇 년을 기다려본 적도 있고, 고점에서 더 올라갈까 하는 기대로 사고 물려서 크게 손해를 본 적도 있다.

나도 수많은 대가의 책을 보기도 하고, 슈퍼개미들이 나온 유튜브도 많이 찾아본다. 그러나 내가 원하는 정보는 거의 없었다. 모두 알려줄 듯 말 듯한 내용이 90%였다. 하긴 자신의 기법을 전부 알려주는 사람이 과연 있을까? 내가 주식을 사는 포인트는 주봉을 이용한 매매방법이다. 어떤 분들은 일봉차트를 보고 매매해서 돈을 많이 벌었다고 한다. 내가 볼 때는 일봉차트는 등락이 심하므로 제대로 된 매수 적기를 잡기 매우 어렵다. 바닥이라고 생각해서 샀는데 고점인 경우가 있고, 고점이라고 생각했는데 이제 시작인 경우도 많다. 그래서 초보분들은 반드시 주봉을 기준으로 주가의 흐름을 보는 게 좋다.

나는 일봉차트는 가끔 보는 편이다. 가장 많이 보는 차트 중 한 가지는 주봉차트다. 1주일 동안의 주가를 그래프로 나타낸 차트다. 거의 주봉을 이용해서 매수 적기를 잡는 편이다. 물론 그 회사의 기본적인 분석은 미리 끝내놓고 2차로 차트를 본다. 내가 생각하는 매수 적기는 기존 매물대를 돌파하는 강력한 슈팅이 나올 때라고 할 수 있다. 다음

출처: 네이버 증권

은 '한국전자인증'의 차트다. 주봉상 기존에 12월에 생성된 매물대를 6월에 강력한 거래량과 함께 돌파하는 모습을 볼 수 있다. 주식을 하면서 떨어지는 주식은 계속 떨어지는 성질이 있고, 올라가는 주식은 흔들릴 수는 있지만 계속 올라가려는 성질을 가지고 있다는 것을 깨닫게 되었다. 싸게 사려고 저점매수를 했다고 하자. 근데 이 주식이 1년 후에 올라갈지, 10년 후에 올라갈지 아무도 모른다. 이슈가 없는 저점매수는 나와 같이 생활비를 매달 벌어야 하는 사람에게는 맞지 않는다. 저점매수나 돌파매수나 무조건 이슈가 있는 종목이 좋다.

예를 들어 월드컵이나 동계올림픽, 인플레이션으로 재료비 상승 등 가격을 올려야 한다든지 하는 경우 말이다. 이슈는 주가를 상승시키고 사람들의 이목을 집중시킨다. 나는 어떤 주식이든 이슈가 없고 재료가 없는 주식은 손도 대지 않고 쳐다도 보지 않는다. 10년 후를 내다보고 하는 투자는 나와 맞지 않는다. 지금 사람들이 주목하고 있는 주식, 상식적으로 이해가 가는 주식이 좋다. 그런 주식들은 사면 마음이 편하다.

바닥에서 강력한 돌파가 나오는 종목 2

주봉상 바닥을 3번 다지고 전고점을 돌파할 때 매수하자. 그다음 주가는 3,900원에서 12,000원까지 약 4배가량 폭발하게 된다. 1,000만 원으로 투자를 했다면 4,000만 원이 되는 것이다. 정확하게 주봉상의 매도 시점을 잡기는 매우 어렵다. 하지만 추세가 이탈하는 시점에서 매도하는 것이 좋다고 생각한다. 일봉으로 보면 이런 매수 위치를 잡기가 매우 어렵다. 하루하루 등락을 반복하는 차트는 우리들의 마음을

출처: 네이버 증권

현혹하고, 판단력을 매우 흐리게 만든다. 월봉은 또 너무 큰 그림을 보여주기 때문에 매수 적기를 잡기 어렵다. 내 생각에는 주봉상 저점에서 폭발하는 종목은 누구나 할 수 있는 매매법이라고 생각한다.

주봉 20선 이탈 시 매도

차트를 보면, 바닥에서 올라온 주가는 계속 상승곡선을 그리다 주봉상 20선을 이탈하면서 급락하는 것을 볼 수 있다. 바닥에서 돌파 시점에 샀다면 이탈 시점(10,512원)에서 모두 털어버리고 나오면 된다. 그전에는 주봉상 5선을 들락날락한다고 해도 매도해선 안 된다. 20선은

출처: 네이버 증권

생명선이라는 말이 있듯이 그 전에는 매도하면 안 된다. 가끔 20선을 깨고 내려오다가 급등하는 때도 있다. 하지만 내 기준이 명확하지 않다면 수익을 내보지도 못하고 꼬꾸라져서 물려버리는 일이 생기게 된다. 내 기준상 20선 이탈 시 매도라고 정했다면 이 주식이 이탈 후 상한가를 가더라도 내 것이 아니라고 생각해야 한다. 그렇지 않으면 매도하지 못해 손해를 보는 일이 더 많아질 것이다.

바닥은 아무도 모른다

"바닥에서 사서 오래 보유하라." 어느 슈퍼개미가 한 말이다. 나는

10년 이상 주식을 하면서 수많은 투자를 해보았다. 내 경험상 바닥은 아무도 모르는 것이다. 하지만 튼튼한지는 알 수 있다. 다음 차트를 보면 3번 하방으로 찍어내렸지만, 일정 가격대 이하로 빠지지 않는 것을 볼 수 있다. 최근 시장이 급락했다. 모두 바닥에서 사야겠다는 마음을 가지고 매수 행진에 나서지만, 바닥은 튼튼한지 정도만 확인하는 게 좋다. 가장 바닥은 아무도 모르기 때문이다. 이곳은 관심을 두지 않는 곳이다. 저 아래 낭떠러지라는 말이다. 누군가가 이 주식을 사주어야 주가가 올라가는 법인데 아무도 사려고 하지 않으니 5년 후에 아니면 10년 후에 올라갈지는 아무도 모른다. 차트상 바닥은 2,628원으로 보인다. 아주 저렴한 가격이다. 바닥에서 고점이 12,190원인 것을 보

출처: 네이버 증권

면 6배 수익을 낼 수 있었을 것이다. 사실 꿈같은 이야기다. 이것을 맞추는 사람은 진정 차트의 신이라고 말해주고 싶다. 사실 바닥에서 거래량이 터져 전고점을 넘을 때 진입하는 것이 안전하다. 아래에서 거래량이 터졌다는 말은 이 주식이 뭔가 호재가 있기 때문이라고 해석해야 한다. 그럼 매수를 하고 마음이 아주 편하다. 전고점을 뚫고 넘어갈 만한 강력한 매수세가 유입되었다는 것은 어찌 보면 대 시세의 시작이 될 수 있기 때문이다.

바닥이 튼튼한지를 확인하라

바닥에서 고점을 돌파하는 종목들은 모두 공통점이 있다. 바로 큰 시세를 만들어낸다는 사실이다. 다음은 '웹스'라는 회사의 주봉차트다. 바닥에서 일정 기간 횡보하는 것을 볼 수 있다. 바닥이 아주 단단하다는 것을 알 수 있다. 고점에서 사서 물리는 분들은 이 차트의 바닥을 잘 보시기 바란다. 이 매매법은 직장인들도 모두 따라 할 수 있다. 고점에서 팔지 못했다고 해도 주봉상 20선에서 팔면 약 2배 정도 수익이다. 아까도 말씀드렸지만 20선 이탈 후 다시 돌파해서 올라가는 일도 있다. 이건 내 몫이 아니라고 생각해야 마음이 편하다. 8,000원을 가든 9,000원을 가든 내 것이 아니라는 생각이 주식을 마음 편하게 할 수 있게 해준다. 너무 큰 욕심은 항상 스트레스를 만들고, 병을 만들기 때문이다.

기간조정과 가격조정을 견뎌라

바닥에서 올라온 종목들은 모두 조정을 거치게 되어 있다. 기존에 샀던 사람들의 매물이 나오기 때문이다. 그럼 신규로 매수하는 사람들은 기존에 샀던 물량이 나오면 받아주고 거래가 성립된다. 사는 사람이 많고, 파는 사람이 적다면 주가가 바로 상승하겠지만 파는 사람이 더 많은 경우 돌파 후에도 다음의 표처럼 횡보하게 된다. 1달에서 2달 정도 횡보 후 다시 폭발적인 시세를 이어나가는 것을 볼 수 있다. 이때 당황하거나 불안에 떨지 않아도 된다. 아래에서 폭발하는 종목을 샀다면 자금이 많이 들어온 상태라고 볼 수 있다. 생각을 해보자 수십억 원을 넣어놓고 고작 10% 수익을 얻고 나가는 사람들은 없다. 거래세까지 생각해보면 별로 남는 게 없다. 돈을 넣은 사람들은 최소 100% 이상을 목표로 두고 돈을 넣는다. 그래야 시간과 공들인 대가를 이룰 수 있기 때문이다. 내가 바닥에서 터지는 종목을 강조하는 이유도 이 때문이다. 고점에서 만약 여러분이 주식을 샀다면 본전이나 약간의 수익에 만족해야 한다. 그렇지 않으면 하락장을 맞이할 때 반 토막이 나는 쓰라린 고통을 이겨내야 하기 때문이다. 기억하자. 큰돈을 벌고 싶다면 바닥에서 산 종목에서 기간조정과 가격조정이 와도 견디는 인내가 필요하다. 여러 번 매매하면서 수익을 여러 번 내다보면 자연스럽게 몸에 익을 것이다. 그것이 진짜 돈 버는 기술이다. 공부 잘하는 사람들

출처: 네이버 증권

도 머리가 아닌 엉덩이로 한다고 하지 않던가?

관심 종목을 매일 업데이트하라

다음 차트를 보면 바닥에서 엄청나게 오르는 것을 볼 수 있다. 바닥에서 잡으면 무조건 돈이 되는 것이다. 인생역전도 가능한 일이다. 고점에서는 아무리 좋은 종목도 떨어질 일만 남았지만, 바닥에서 폭발하는 종목은 모두 올라갈 일만 남은 것이다. 이것이 진짜 주식의 묘미라고 할 수 있다. 평생 생활비를 만들어줄 종목인 것이다. 이런 종목을 발견한 순간 해수욕장에서 놀다가 황금을 발견한 것과 같은 기분이 들어야 한다. 대충 넘길 일이 아니다. 이 책을 보고 만약 이런 종목을 발견해 수익이 났다면 나에겐 큰 기쁨이 될 것이다.

중요한 건 저런 타이밍을 잡으려면 바닥에 있을 때 잘 지켜보는 것이다. 좋은 종목인데 바닥에 있는 것들은 모두 관심 종목에 넣어놓고 매일은 아니더라도 수시로 체크해야 한다. 나도 예전에 저런 종목을 2~3% 수익만 얻고 팔아버린 일이 종종 있었다. 더 기다리지 못해 작은 수익으로 만족하다 보니 매매하는 횟수는 많아지는데 정작 남는 건 없었다. 지금은 기다리는데 익숙해져 있고, 조정을 당하더라도 종목에 대한 믿음이 있어서 큰 스트레스도 받지 않는다. 먹을 때는 크게 먹고, 적게 먹을 때도 항상 감사함을 잊지 않는다.

출처: 네이버 증권

아무리 좋은 종목도 몰빵하지 마라

주식은 수익을 내는 것보다 잃지 않는 것이 더 중요하다. 아무리 500%, 1,000%를 줄 것 같은 주식이라도 한꺼번에 큰돈을 넣으면 안 된다. 한두 번은 크게 수익을 낼 수 있겠지만 100번 중 1~2번만 실수해도 번 돈을 모두 날릴 수 있기 때문이다. 다음의 차트를 보면 주봉상 전고점을 뚫어버리는 척하다가 급락되는 경우다. 그럼 4,160원쯤에서 매수했다고 해도 3,200원까지 약 25% 손해를 보는 경우도 생긴다. 세상에 어떤 매매방법도 100%는 없다. 그래서 반드시 종목을 살 때는 분할로 매수하는 습관을 들여야 한다.

출처: 네이버 증권

또 여러 종목에 분산해놓으면 만약 정말 끔찍한 일이 생겨도 나머지 종목들에서 수익이 나기 때문에 안전하기도 하다. 급락했던 주식이 다시 올라오는 경우가 많다. 그 이유는 아래서 물량을 잡은 사람들이 그 돈을 모두 빼게 된다면 손해가 극심하기 때문이다. 이런 것을 이해하면 주식이 엄청 쉬워진다.

앞 차트를 보면 3,332원까지 약 25% 급락을 했던 주식이 어떻게 되었을까? 4,700원 이상까지 급등하는 것을 볼 수 있다. 아래에서 팔았다면 아마 큰 고통을 당했을 것이다. 분명히 더 올라갈 줄 알았는데 갑자기 급락해버려 충격으로 잠을 자지 못했을 수도 있다. 하지만 주봉상 바닥에서 물량이 많이 들어온 것은 이렇게 흔드는 경우가 많다. 심장이 약한 개미들을 떨어뜨리기 위한 세력들의 페이크 전술이라고 할 수 있겠다. 이런 전술에 당하면 안 된다. 종목 분석을 마치고 매수했다면 필요한 건 뚝심이다. 절대 떨어진다고 안달복달하면 안 된다. 인내심으로 주식을 하는 거다. 머리로 해서 부자된 사람은 내가 본 적이 없다.

비중을 무시하면 망한다

　지금까지 수익이 나는 원리와 조심해야 할 부분을 살펴봤는데, 이를 참고해서 많은 수익을 내시기 바란다. 처음에도 말씀드렸다시피 수익보다 중요한 것은 내 원금을 지키는 것이다. 2배의 수익이 확정되어서 4,000만 원을 8,000만 원으로 만드는 주식이 있다고 해도 몰빵하거나 비중을 크게 해서 들어가면 안 된다. 주식을 오래 할 수 없는 상태까지 가게 된다. 내가 주식을 하는 이유가 무엇인가? 생활비 정도 해결하는 데 초점을 맞추지 않으면 욕심에 이끌려 주식을 하게 된다. 그럼 작은 수익에 만족하지 못하고 큰 사고를 치게 된다. 더 큰 수익과 더 큰 금액을 베팅하게 된다. 그러다 한 방에 가는 일이 생긴다. 반드시 초보자는 1년 정도 소액으로 투자하기를 추천해드린다. 그러다 1년 정도 해서 수익이 제법 났을 때 투자금을 늘려나가는 것이 좋다. 다음의 차트와 같이 아무리 수익이 크게 나는 주식이라도 종목당 1%를 넘으면 안 된다. 가끔 주식 투자를 하다 보면 이런 종목을 만나게 된다. 그러면 이런 생각을 하게 된다. '아, 더 사둘 걸!' 주식으로 망하려면 욕심을 부리면 된다. 아주 간단하다. 다음에 나올 차트와 같은 주식은 가끔 얻어걸리는 것이지 이런 주식만 찾아다니다가는 깡통 차는 일이 생길 수 있으니 정말 조심하기 바란다.

고점에서는 절대 사지 말자

앞에서도 말씀드렸지만, 만약 주봉을 보다가 전고점을 돌파하려는 시도가 있으면 관심을 가지고 지켜보아야 한다. 다음의 차트를 보면 전고점이 2개 있다. 10,000원대에 1개가 있고, 13,750원에도 있는 것을 확인할 수 있다. 대부분의 개미투자자는 고점에서 사려는 습성이 있다. 고점에서 아무리 돌파 자리가 나왔다고 해도 사면 안 된다. 더 올라갈 확률보다 물려서 손절매할 확률이 높기 때문이다. 만약에 실수로 들어갔다고 하면 작은 수익에 만족하고 수익실현을 해야 한다. 그리고 다시 이 주식을 보면서 10,000원대까지 내려오기를 매일 간절

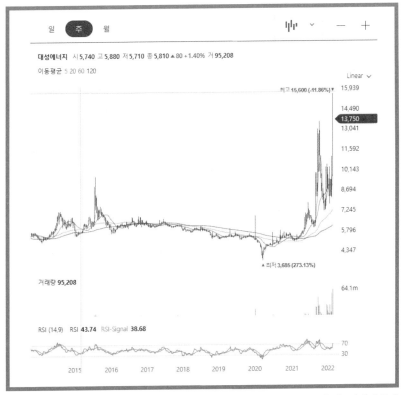

출처: 네이버 증권

히 기도하는 방법밖에 없다. 여러분들이 이 책을 보고 평생 생활비 걱정 없이 살고 싶다면 반드시 이 한 가지만 지키면 된다. '아래에서 터진 좋은 종목을 사라.' 그럼 매달 들어가는 생활비는 주식 투자로 너끈히 해결할 수 있을 것이다.

마음을 편하게 해주는
'120일 선 매매법'

좋은 종목은 120일 선 밑에서 사라

지금부터는 'LG화학'의 기업개요와 차트를 보면서 이야기해보자.

기업개요　　　　　　　　　　　　　　　　　　　　　　[기준:2022.01.27]
- 동사는 석유화학 사업부문, 전지 사업부문, 첨단소재 사업부문, 생명과학 사업부문, 공통 및 기타부문의 사업을 영위하고 있음.
- 연결회사는 2020년 12월 1일 전지 사업부문을 단순·물적분할하여 (주)LG에너지솔루션 및 그 종속기업을 설립함.
- 동사는 양극재, 엔지니어링 소재, IT소재의 경쟁력을 바탕으로 고부가 제품을 중심으로 한 포트폴리오 전환을 추진 중에 있음.

출처: 네이버 증권

　　LG화학은 우리나라의 대표적인 우량주로 손꼽힌다. 무조건 우량
주가 좋다고는 할 수 없지만 가장 안전하다는 장점과 천천히 오른다
는 단점을 가지고 있다. 소형주를 선호하는 분들은 급등락이 많은 것
을 선호하지만, 나는 적절하게 섞어서 가져가야 좋다는 생각을 한다.
다음 차트는 120일 선 아래에 있을 때가 매수 신호라고 봐야 한다. 약

일	주	월				

LG화학 시 400,500 고 420,000 저 399,500 종 417,500 ▲ 17,000 +4.24% 거 966,577

이동평균 5 20 60 120

Linear ∨

최고 863,000 (-36.34%)▼ 846,659

769,690

692,721

615,752

558,000

558,765

461,814

384,845

▲ 최저 230,000 (142.61%) 307,876

230,907

거래량 966,577 3.41m

4월 5월 6월 7월 8월 9월 10월 11월 12월

1~2개월 정도 120일 선 아래에 있는 모습을 볼 수 있다. 대부분의 고수들은 여기서 많이 산다. 무조건 120일 선 아래에서 산다면 큰일 날수 있다. 실적이 좋지 않은 종목 중에서 120일 선 아래에 있는 경우가 많기 때문이다. 반드시 주의해서 매매하시길 바란다. 고수들은 저점에서 사서 오래 들고 간다. 최소 2배 수익을 내고 나온다. 아주 간단한원리다. 이것 한 가지만 기억하자. 좋은 종목, 실적도 좋은 종목을 평소에 관심 종목에 넣어놓고 자주 들여다보면서 공부해놓자.

큰 기회는 자주 오지 않는다

다음은 '네이버'의 기업개요와 차트다.

기업개요 [기준:2022.01.27]
- 동사는 국내 1위 포털 서비스를 기반으로 광고, 쇼핑, 디지털 간편결제 사업을 영위하고 있으며, 공공/금융 분야를 중심으로 클라우드를 비롯한 다양한 IT 인프라 및 기업향 솔루션 제공을 확대해가고 있음.
- 웹툰, Zepeto, V LIVE 등 다양한 콘텐츠 사업을 통해서도 글로벌 사업 기반을 확장하고 있는 ICT 기업임.
- 네이버파이낸셜, 네이버 클라우드 등 연결대상 종속회사 76개를 보유함.

출처: 네이버 증권

이 종목도 2020년 4월에 120일 선을 이탈하는 모습을 볼 수 있다. 그리고 다시 치고 올라온다. 전에도 언급했듯이 고수들은 120일 선 아래에서 매수한다. 불 보듯 뻔한 것이지만 초보 투자자들은 저 위에 고점에서 큰 기대를 품고 매수한다. 무척 위험한 일이다. 내가 아는 분은 1년에 1번에서 2번 정도만 매매한다고 한다. 바로 저런 바닥이 나오면 가차 없이 들어가는 것이다. 물론 경험이 많다 보니 금액도 정해진 금액이 아니라 빌려서라도 크게 들어간다고 한다. 참, 경험이라는 것은 주식 투자에서 가장 중요한 요소가 아닐 수 없다. 바닥에서 약 12만 원 하던 네이버 주식이 47만 원까지 쉬지 않고 올라가는 모습을 볼 수 있다. 매달 월급 통장을 만드는 분들은 이런 차트를 눈에 익숙해질 때까지 봐야 한다. 내가 사는 주식이 바닥에 있더라도 확신이 생겨야 버틸 수 있다. 이런 차트가 되리라고 믿고 기다리면 반드시 좋은 결과가 나올 것이다.

적게 먹지 말고 크게 먹는 습관을 지니자

다음 종목은 국내 유명 자동차기업인 '기아'이다.

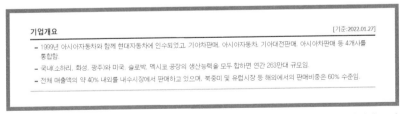

기업개요 [기준:2022.01.27]
- 1999년 아시아자동차와 함께 현대자동차에 인수되었고 기아차판매, 아시아자동차, 기아대전판매, 아시아차판매 등 4개사를 통합함.
- 국내(소하리, 화성, 광주)와 미국, 슬로박, 멕시코 공장의 생산능력을 모두 합하면 연간 263만대 규모임.
- 전체 매출액의 약 40% 내외를 내수시장에 판매하고 있으며, 북중미 및 유럽시장 등 해외에서의 판매비중은 60% 수준임.

다음의 차트도 120일 선 아래서 19,000원대에서 매수했다면 97,000원까지 약 4배가량 수익을 주는 모습을 볼 수 있다. 전부는 아니라도 최소 2배만 이뤘어도 꽤 괜찮은 수익이다. 그래서 반드시 내가 바닥에서 좋은 기업을 샀다면 중간중간 저렇게 흔들어대는 모습이 보이더라도 추세를 이탈하지만 않았다면 계속 보유하는 편이 좋다. 단기적인 수익에만 의존하던 분들은 손실만 크고, 먹을 때는 적게 먹는 습관이 들어 주식 시장을 결국 떠나는 비참한 결과가 나오게 된다. 저렇게 좋은 주식을 5%만 수익을 얻고 팔아버린다면 200%, 300% 수익을 얻을 기회를 놓치는 것이다. 그래서 나는 단기 투자를 하는 분들이 증권사 수수료만 엄청나게 벌어주는 일만 한다고 생각한다. 평생 매달

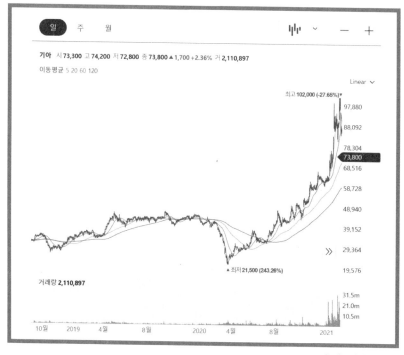

출처: 네이버 증권

월급을 받는 시스템에서 단기 투자는 절대 금지다. 자기에게 이득이 되는 수익은 반드시 챙겨야 한다. 매달 수익에 기쁨과 감사를 한다면 이런 주식은 여러분들을 크게 성공시킬 것이라 믿어 의심치 않는다.

항상 추세가 살아있는지 확인하자

다음 종목은 '삼성SDI'이다.

기업개요	[기준:2022.01.27]
– 동사는 삼성그룹에 속한 계열회사임. 1970년 삼성-NEC 주식회사로 설립됨. 1999년 상호를 삼성SDI로 변경함.	
– 주요 사업은 에너지솔루션 부문과 전자재료 부문으로 분류됨. 에너지솔루션 부문은 중, 대형전지 등을 생산해 판매함. 전자재료 부문은 반도체 및 디스플레이 소재 등을 제조, 판매함.	
– 2000년 리튬이온 2차전지 사업을 시작한 이래 품질 개선, 안전성 확보 등을 위해 노력해 온 결과 현재까지 업계 선두권을 유지함.	

출처: 네이버 증권

이 종목도 120일 선을 이탈한 이후 흐름을 보면 23만 원 하던 주가가 77만 원까지 약 3배가량 폭발하는 모습을 보인다. 1년도 안 되는 기간 안에 3배가 넘게 오르는 수익을 어디서 찾을 수 있단 말인가? 내가 만든 평생 월급 시스템에 가장 적합한 종목이 아닌가 생각이 든다. 회사가 튼튼하고 미래지향적이며 매출도 좋다면 금상첨화다. 중요한 사항은 내가 저 위까지 들고 갈 수 있는 끈기와 믿음이 있어야 한다는 것이다. "적게 먹고 수익을 챙겨라"는 소리는 귀담아듣지 말기 바란다. 반드시 크게 먹고 나온다는 생각으로 평생 월급 시스템을 실천하시기 바란다. 우리가 원하는 수익은 큰 수익이 아니라 안정적이고, 장기적인 수익이다. 너무 많이 올랐다고 생각이 들면 주저 없이 전량

出처: 네이버 증권

매도하는 방법도 있지만, 추세가 살아있다면 매도할 이유가 없다. 그래서 종목들의 움직임을 하루에 10분 정도만 점검하는 습관을 지니면 큰 도움이 될 것이다.

올라오는 것을 확인하고 사라

다음은 'POSCO'의 기업개요와 차트다.

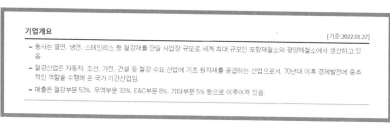

기업개요

[기준:2022.01.27]

- 동사는 열연, 냉연, 스테인리스 등 철강재를 단일 사업장 규모로 세계 최대 규모인 포항제철소와 광양제철소에서 생산하고 있음.
- 철강산업은 자동차, 조선, 가전, 건설 등 철강 수요 산업에 기초 원자재를 공급하는 산업으로서, 70년대 이후 경제발전에 중추적인 역할을 수행해 온 국가 기간산업임.
- 매출은 철강부문 53%, 무역부문 33%, E&C부문 8%, 기타부문 5% 등으로 이루어져 있음.

出처: 네이버 증권

98 • 주린이도 평생 월급 받는 주식 투자 시스템

출처: 네이버 증권

이 종목도 13만 원 하던 종목이 40만 원까지 약 4배 정도 오른 종목이다. 지금까지 본 종목들의 공통점은 120일 선 아래에서 뚫고 올라오는 종목들이라는 점이다. 기업 개요를 함께 첨부한 이유는 어떤 종목을 볼 때 뉴스를 보고 무턱대고 사지 말고 현재 트렌드에 맞게 기업을 운영하고 있는지를 항상 조사해야 하기 때문이다. 그렇게 되면 그냥 오를 거라는 맹목적인 믿음이 아닌 기초지식을 가지고 투자를 하게 된다. 나는 항상 어떤 기업을 매수하기 전에 뉴스, 기업 개요, 실적, 차트 순으로 체크하고 매수한다. 그래야 실수하지 않고 평생 월급 통장 시스템을 운영하는 데 있어 실수하지 않는다. 이 차트를 유심히 보면 120일 선 아래서 사는 것도 좋지만 뚫고 올라오는 모습을 확인하고 사는 것도 좋은 방법이 될 수 있다. 그럼 더 안전한 매매가 될 수 있다고 생각한다.

4

확실한 수익을 주는 '20일 선 눌림 매매법'

큰 수익은 자신의 매매기준에서 나온다

다음은 '팜스토리'라는 종목의 차트다. 2월 8일 이후 급등했던 종목이 아래로 꼬꾸라지는 모습을 볼 수 있다. 고점에서 샀던 사람들은 지옥행 급행열차를 타고 엄청난 긴장감을 만끽할 수 있었을 것이다. 바닥까지 계속 떨어질 듯 추락하다가 어느 부근에선가 지지를 해주는 모습을 볼 수 있다. 표에서 붉은색 선이 바로 20일 선이다. 20일 선 부근에서 다시 반등을 해주고 2,200원 하던 주식이 3,100원 부근까지 치솟는 것을 볼 수 있다. 약 50%가량 수익이 난 모습이다. 급등했을 때 잡았던 사람들은 마이너스 30% 주변에서 손절매했을 것이고, 떨어질 때까지 기다렸다가 매수했던 사람들은 약 50% 정도 수익을 보고 나올 수 있었을 것이다. 투자 금액이 만약에 1,000만 원이라고 했다면 500만 원의 수익이 났다고 볼 수 있다. 눌림매매는 해보신 분들은 모

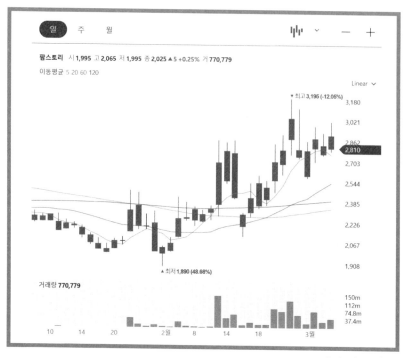

출처: 네이버 증권

두 다 아시겠지만, 굉장히 고도의 경험과 공포를 이길 수 있는 대담함이 받쳐주어야 한다. 주식 명언에도 이런 말이 있다. "공포에 사라!"

기다리는 자에게 복이 있다

다음의 차트는 '피에이치씨'라는 종목이다. 이 종목도 고점에서 급락했지만 2월 23일 부근에 20일 선을 지지해주면서 다시 위로 치고 올라가는 모습을 보여준다. 주식 투자에서 20일 선은 생명선이라고 하는 사람들이 많다. 그만큼 중요한 의미가 있다고 본다. 이 매매법을 잘만 익혀둔다면 반드시 좋은 이익을 거둘 수 있을 거라 생각이 든다.

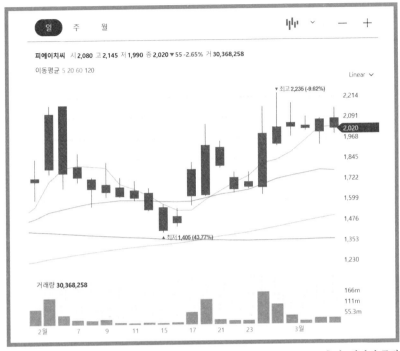

출처: 네이버 증권

종목을 잘 골라도 누구는 수익이 나고 누구는 손실이 난다. 그 이유는 떨어질 때까지 기다릴 수 있는 능력의 차이다. 주식은 참을성과 대담함이 같이 가야 성공할 수 있다. 고점에서 사는 분들은 종목을 아무리 잘 골라도 수익이 나기 매우 힘들다. 20일 선 매매법을 잘 익혀 큰 수익이 나시기를 기원한다.

공부하면 하락이 두렵지 않다

다음은 '대한전선'이라는 종목의 차트다. 3월 3일 급락해서 20일 선 아래로 추락하는 모습을 볼 수 있다. 이럴 때는 매수해야 할까? 2

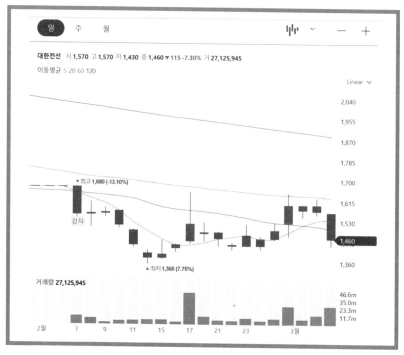

대한전선 시 1,570 고 1,570 저 1,430 종 1,460 ▼ 115 -7.30% 거 27,125,945
이동평균 5 20 60 120

출처: 네이버 증권

가지 방법이 있다고 나는 생각한다. 20일 선 위로 올라왔을 때까지 기다리는 방법이 있고, 이 종목에 대한 확신이 있다면 20일 선 아래에서 매수하는 것도 좋은 방법이다. 주식에 정답은 없지만 내가 종목에 대한 이슈와 흐름을 잘 공부한 상태에서는 이런 하락이 큰 기회로 작용할 수 있다. 떨어지면 무조건 팔아버리는 습관을 지닌 사람들은 대부분 공부를 안 하고 매수했기 때문이라고 생각한다. 이 종목에 대한 확신은 공부하고 안 하고의 차이다. 반드시 평소에 시간을 내어 많이 떨어지거나 많이 오른 종목들을 분류해놓고 공부해보자. 그럼 이런 하락이 나왔을 때 사야 할지 말아야 할지 결정짓는 기준이 된다.

5

안전하고 큰 수익을 주는
'월봉 매매법'

월봉상 5월 선 돌파매매법 - 지루함을 참으면 큰 수익이 온다

나는 월봉차트를 가장 좋아한다. 일봉차트는 너무 어지럽고, 주봉차트는 애매한 부분이 많다. 월봉차트는 한 달 동안의 주가의 흐름을 한눈에 알 수 있게 해준다. 만약 어떤 기업이 월봉상 5월 선을 돌파한다면 뭔가 호재가 있거나 알려지지 않은 좋은 뉴스가 있을 확률이 매우 높다. 5개월 동안 주가가 일정 금액 이하로 빠지지 않고 계속 올라간다면 분명 좋은 일이 생길 징조가 보이는 것이다.

다음은 '신성델타테크'의 월봉차트다. 바닥에서 큰 움직임이 없이 계속 횡보하는 모습을 볼 수 있다. 그리고 갑자기 5월 선을 2020년 9월경 큰 거래량이 터지는 것을 볼 수 있다. 그리고 주가의 모습은 어떻게 되었나? 5,000원짜리가 20,000원을 훌쩍 뛰어넘는 흐름을 보여주

었다. 400%가 넘는 수익을 안겨주게 된다. 1억 원을 넣었으면 4배니까 4억 원을 가져가는 꼴이 된다. 정확하게 400%를 예측하기는 매우 힘들다. 대충 200%만 먹어도 충분히 실력자라고 생각한다. 그래도 약 1년 만에 4배의 수익을 가져간다면 정말 생각만 해도 엄청 행복할 것이다. 종목을 선정할 때는 일봉이나 주봉 매매도 좋지만, 월봉을 보고 매매한다면 많은 행운이 따를 것으로 생각한다.

월봉상 5월 선 돌파 매매법 - 5월 선 이탈 시 손절매하라

다음은 '케이사인'이라는 기업의 차트다. 2019년 1월경 바닥에서

출처: 네이버 증권

거래량이 터지면서 5월 선을 치고 올라오는 모습을 볼 수 있다. 계속 5월 선을 타고 올라가다가 그만 5월 선을 이탈하면서 미끄러져 내려오는 모습을 보인다. 이럴 때는 계속 들고 가는 방법보다는 일단 수익 실현을 하고 바닥에서 다시 들어가는 방법이 더 좋아 보인다. 나중에 크게 더 치고 올라가는 모습을 볼 수 있지만, 수익이 난 상태에서 다시 0으로 돌아가는 것보다 더 큰 충격은 없기 때문이다. 이 기업에 대한 확신이 정말 있다면 1년 정도 더 들고 가도 큰 문제는 없다. 그리고 300% 이상의 수익을 실현하는 것은 고수들의 영역이다. 초보의 경우 그냥 5월 선 이탈 시 손절매한다는 원칙을 가지고 투자한다면 매달 생활비 버는 데는 어려움이 없으리라 생각된다.

월봉상 5월 선 돌파 매매법 - 분할매매로 안전성을 확보하라

다음의 차트는 '삼기'라는 종목이다. 아래에서 올라와 조정을 받고 최근에 월봉상 5월 선에 안착하는 모습을 보여주고 있다. 아주 적당한 매수 시점이라고 볼 수 있다. 여기서 치고 올라갈 확률이 매우 높다는 말이다. 한번 밑으로 쭉 빼고 올라갈지, 아니면 옆으로 더 횡보하다가 올라갈지, 아니면 바로 치고 올라갈지를 아무도 모른다. 그래서 이 지점에서 투자 금액이 1,000만 원이라고 한다면 30% 정도만 사보고 앞으로 상황을 지켜보면서 추가로 더 살지 말지를 결정하면 가장 이상적인 투자 방법이라고 할 수 있다. 만약, 한 번에 들어가서 오르면 상

출처: 네이버 증권

관없지만, 더 내려가면 큰일이 생길 수 있으므로 조심해야 한다. 세상에 전문가들이 100% 오른다고 말해도 다 확률상 오른다는 말이라는 것을 새겨들어야 한다.

월봉상 5월 선 돌파 매매법 - 5월 선 아래에서는 기다리는 게 답이다

다음은 '켐온'이라는 주식의 월봉 차트다. 현재 바닥에서 올라왔다가 크게 하락한 모습이다. 월봉상 5월 선 아래서 바닥을 다지는 모습을 볼 수 있다. 처음에 바닥에서 치고 올라올 때도 5월 선을 타고 지속해서 상승하는 모습을 볼 수 있고, 현재는 5월 선 아래서 조만간 치고

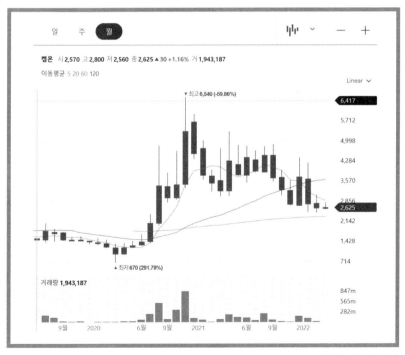

출처: 네이버 증권

올라올 조짐을 조금씩 보이는 모습이다. 지금은 들어가야 할까? 말아야 할까? 내 생각이 100% 맞는 것은 아니지만 좀 더 지켜봐야 할 것 같다. 그 이유는 5월 선을 치고 폭발적으로 올라와야 지속적으로 상승할지 알 수 있는데 현재는 더 아래로 빠질 확률이 더 높아 보이기 때문이다. 주식은 가속력이 있으므로 한번 빠지기 시작한 주식은 계속 빠지는 성질을 가지고 있고, 한번 탄력을 받은 주식은 계속 상승하려는 성질을 가지고 있기 때문이다.

월봉상 5월 선 돌파 매매법 - 거래량이 없는 종목은 피하라

다음은 '메타랩스'라는 종목이다. 2016년 이전부터 급락하기 시작해서 현재도 회생이 불가할 만큼 하락했다. 2018년도 중반에 살짝 반등을 주기는 했지만 계속 내려가다 우측으로 횡보만 하는 모습을 볼 수 있다. 이런 종목은 월봉상 5월 선 위에 있다고 하더라도 절대 들어가면 안 된다. 치고 올라가는 모습을 영원히 볼 수 없을지도 모르기 때문이다. 하락 추세는 끝났지만, 횡보하는 기간이 3년이 걸릴지 10년이 걸릴지 모른다. 무조건 월봉상 5월 선 위에 있다고 무턱대고 매수하면 안 된다는 말이다. 어느 정도 상승 여력이 있는 주식에 투자해야 크게 수익이 나는 것이지 바닥이라고 무조건 매수해서는 안 된다.

월봉상 5월 선 돌파 매매법 - 추세가 살아 있는지 확인하고 매수하라

다음은 '알루코'라는 기업의 월봉차트다. 계속 하락 추세이던 주식이 2020년 중반부터 거래량이 폭발하는 것을 볼 수 있다. 그리고 1,100원 부근에서 5,900원 부근까지 치고 올라가는 모습을 볼 수 있다. 최근에 조정 후 반등을 노리면서 5월 선을 치고 올라가는 좋은 모습을 보여주고 있다. 이런 차트는 매우 상승 가능성이 크다고 본다. 뭔가 호재나 뉴스가 있어서 바닥에서 거래량이 폭발했다고 볼 수 있다. 아무 이유 없이 거래량이 폭발하는 경우는 없기 때문이다. 사람들의 관심이 집중되고, 돈이 몰리는 주식에는 반드시 그에 따른 호재가 있

출처: 네이버 증권

기 마련이다. 여러분들이 차트를 볼 때 실수하지 말아야 하는 부분은
바로 이런 부분이다. 급등하는 주식을 따라가기보다 조정 후에 5월 선
에 올라탄 주식을 사야 돈이 되는 것이다. 치고 올라간다고 무작정 따
라가면 그 분위기에 취해 투자하고 기쁨에 차올라서 기분은 좋겠지
만 곧 추락의 고통을 겪을 수 있기 때문이다. 이런 차트를 발견했다면
5%만 먹고 나오지 말고 추세를 타고 올라가는 데까지 버티는 연습이
필요하다. 그럼 작은 수익이 아니라 큰 수익이 나기 때문이다.

PART 3

국민연금처럼 평생 매달
300만 원 받는 매매 비법들

1

손실 난 종목을
복구하는 방법

종목을 너무 사랑하지 마라

주식을 할 때 가장 위험한 것이 무엇일까? 바로 종목을 너무 맹신한 나머지 온종일 불안에 떨며 주식 시세를 확인하는 것이다. 종목에 대한 너무 큰 집착은 상처만 남긴다는 사실을 기억하자. 사람도 마찬가지다. 누구나 한 번쯤은 짝사랑하던 사람이 있을 것이다. 그 사람에게만 너무 집착했을 때 사랑이 이루어지는 것을 본 적이 있는가? 가끔 짝사랑이 이루어지는 일도 없지는 않지만 대부분 지나가는 만남인 경우가 대부분이다. 실패했을 때는 추억으로 남기도 하지만 그 당시에 느끼는 충격은 매우 크다. 폐인이 되어 지옥을 경험하게 되는 경우도 많다. 뉴스에도 스토커로 인한 여성들의 피해가 보도되는 것을 보는데, 이런 유형인 경우가 많다. 가수 김광석의 유명한 노래 가사도 있지 않은가. "너무 아픈 사랑은 사랑이 아니었음을."

주식도 이런 경우가 많다. 정말 수익이 날 것 같은 종목은 안 오르고, 이상한 종목이 튀어 오르기 때문이다. 절대로 종목을 짝사랑해서는 안 된다. 약간의 거리를 두고 관망하는 자세가 좋다. 100% 확률로 갈 것 같다고 판단이 되도 떨어질 수도 있다는 생각으로 관망하는 자세를 가질 때만 수익이 나도 행복하고, 수익이 좀 안 나도 불행해지지 않고 인내할 수 있다.

다시 한 번 말하지만, 약간의 거리를 두고 관망하는 자세가 중요하다고 본다. 나는 매일 아침 9시에 주식 시장이 열리면 바로 수익을 확인하기보다 주변을 청소한다. 그리고 샤워를 하면서 오늘은 잘될 것이라는 내용의 긍정적인 노래도 듣는다. 좋은 책이 있으면 책을 보며 느긋하게 아침을 맞이한다. 상쾌한 기분이 들고 왠지 좋은 일이 생길 것 같은 기대도 생긴다. 내 경험상 뭔가를 하면 그런 불안들에서 벗어날 수 있다. 독서, 운동, 청소, 산책, 반신욕 등을 할 때 더 좋은 멘탈을 유지하는 데 도움이 된다.

나도 예전에는 불안에 떨며 온종일 주식 창을 봤는데, 그럴 때는 수익이 나도 불안해지고 수익이 안 나도 불안해지는 이상한 증상이 나타났다. 그래서 직장인들이 장기 투자를 하면 성공하는 분들이 많다는 사실이 이해가 갔다. 내가 뭔가를 하고 집중할 때는 변화가 시작되고 삶의 의욕이 생긴다. 주식을 하면서 불안을 극복하는 방법은 종목을 믿고 흔들려도 버티면서 뭔가를 하는 상황을 계속 만드는 것이다. 그럼 흔들리다가 결국은 우상향하는 차트를 보게 되고 수익도 따라온다.

손실 났을 때 상처를 극복하는 계좌관리법

"우리는 언제 좌절하는가? 무엇을 해야 할지 모를 때다. 그렇다면 좌절했을 때 우리는 무엇을 해야 하는가? 정답은 무엇이든 해야 한다 이다. 무엇이든 시도를 해봐야 무엇을 해야 할지 구체적으로 알게 되기 때문이다. 청소, 운동, 산책, 독서 등등 사소한 것부터 하라. 뭔가를 하고 있는 상태를 만들 때 변화의 가능성이 생긴다.

-보도섀퍼(Bodo Schafer), 《멘탈의 연금술》

주식에서 종목에 대한 맹신은 가장 큰 상처로 남을 수 있다. 그것을 극복하는 방법은 뭔가를 하는 상태를 만들어주는 것이다. 더 좋은 종목이 생기면 즉각 갈아타는 방법이 가장 좋다. 이것은 심화 과정에서 다루는 내용이라 반드시 1년 이상 경험이 쌓이고 실행해보기를 권해드린다. 예를 들어 내가 종목을 잘못 샀다고 판단들 때 쓰면 좋은 방법이다. A종목과 B종목을 통해 어떻게 손실을 복구하는지 알아보자. 가끔 나도 이 방법을 잘 써먹고 있는데 생각보다 계좌관리가 쉬워진다.

A종목 100만 원 매수 후, 수익률 -10%
B종목 200만 원 매수 후, 수익률 +20%

이렇게 가정해보자. 그럼 A종목은 원래 생각했던 것과 정반대로 크게 하락을 했다면 계속 들고 가는 것이 아니라 수익이 난 종목에서 상쇄를 시켜주는 것이다. 이런 판단을 할 수 있으려면 많은 매매 경험이 필요하다. 그래서 1년 이상 매매 경험이 있으신 분들만 하셨으면 좋겠다. 대부분 수익이 안 나다가도 어떤 이슈로 인해 크게 가는 경우가 많기 때문이다. 이런 경우는 아무런 가망이 없는 종목에 대한 관리방법이다. 좋은 종목을 이런 식으로 매매해서 팔고 나서 후회하는 일은 제발 없게 하자.

이제 정상적으로 내 계좌관리하는 방법을 알아보자. A종목에서 -10% 손실이 났다면 A종목을 손절매하면서 이것을 수익이 난 B종목에서 손절매한 만큼 수익실현을 해주는 것이다. 그럼 내 계좌는 +10%를 그대로 유지한 채 다른 더 좋은 종목으로 갈 수 있는 예수금이 생긴다. 반드시 이 방법을 사용할 때는 다른 좋은 종목을 발견했을 때만 사용하시길 바란다. 이런 식으로 계좌관리를 한다면 실수로 잘못 샀던 종목들을 하나씩 처분해나갈 수 있는 능력을 키우는 동시에 다른 더 좋은 종목으로 갈아타기가 가능하게 된다.

다른 예를 들어보자.

A종목 500만 원 매수 후, 수익률 -10%
B종목 1,000만 원 매수 후, 수익률 -20%
C종목 1,500만 원 매수 후, 수익률 +30%

이런 경우에는 수익이 많이 난 종목으로 그 아래 2종목을 완전히 없애버릴 수 있다. 대개 수익이 30% 이상 난 종목들은 더 올라갈 확률보다 떨어질 확률이 높다. 전적으로 이건 개인의 판단이지 강요하는 것은 아니다. 이런 경우 A종목, B종목, C종목을 전부 매도함으로써 3,000만 원이라는 예수금을 확보할 수 있게 된다. 그럼 손해도 없고, 수익도 없지만 3,000만 원이라는 예수금을 통해 내가 다른 종목을 통해 수익을 계속 낼 수 있는 기회가 생기는 것이다. 이런 식의 계좌관리는 개인적으로 많이 쓰는 방법은 아니다. 하지만 내가 정말 종목을 잘못 샀거나, 아니면 정말 좋은 종목을 발견했을 때 사용하면 아주 귀한 팁이 된다. 이 방법으로 여러분들의 계좌에 나날이 수익이 쌓이기를 바란다.

2

단기간에 수백%
수익을 준다는 사람들을 조심하라

진짜 좋은 정보는 공짜가 없다

지금도 많은 투자자들이 고급정보를 찾아 삼만리를 하고 계실 것이다. 나 또한 그런 실수를 많이 했던 때가 있었다. 예전에는 '어느 회사의 내부 정보를 조용하고 은밀하게 빼내어 투자에 사용하면 큰돈을 벌겠지?' 하는 꿈을 꾸기도 했었다. 작전세력이라고 자칭하며 큰 수익을 안겨주겠다고 하는 사람들도 심심치 않게 보이고, 비상장주식에 투자하면 상장이 되면 10배의 시세차익을 얻을 수 있다고 말하는 사람들도 있다. 설령 그 말이 사실일지라도 그런 수천만 원짜리 정보를 얼굴도 모르는 사람에게 공짜로 주는 일이 과연 정상인지 고민해봐야 한다. 왜냐하면 요즘 이런 수법으로 돈을 갈취하는 일이 비일비재하게 일어나고 있기 때문이다. 정말 수천억 원대 부자가 자신의 재산의 티끌만큼을 나눠주는 건 가능하겠지만, 이런 정보를 무료로 준다는 것은 이상하지 않은가? 명백히 이건 말도 안 되는 허황한 광고에 지나지 않는다.

그러나 지금도 이런 사기에 당하는 사람들이 많은 것이 사실이다. 금융감독위원회에 비상이 걸린 요즘 같은 시기에 특히 이런 사기꾼집단에 당하지 않기를 간곡히 부탁드린다. 이것 한 가지만 기억한다면 절대 사기는 당하지 않는다. 세상의 모든 물건이나 정보는 그 가치를 정당하게 주고 구매해야 한다. 명품도 어디 들어보지도 못한 인터넷에서 사는 게 아니라 백화점이나 정품을 파는 인터넷상점에서 사야 한다. 그럼 실수로 정품인 줄 알고 짝퉁을 사서 고생하는 일은 일어나지 않는다. 좋은 물건이면서 싼 것은 중고밖에 없다. 남이 쓰던 때가 묻은 중고 말이다. 그런 것도 감수한다면 좋은 기회가 될 수도 있겠다. 얼마 못 가 버리는 일은 생기지 않는다. 저렴한 것은 다 이유가 있고, 싼 게 비지떡이라는 말도 있다.

주식도 마찬가지다. 좋은 정보, 고급정보도 그 값어치를 할 때만 나에게 효과가 나타난다. 좋은 책을 찾아서 읽고, 평소 고수들의 책과 조언도 듣는 등 발품을 팔아야 한다. 내 주변에는 오랜 경험의 고수들이 많다. 내가 경험해본 진짜 고수들은 수익률이 아니라 회사를 분석해서 나온 가치를 판단하는 데 많은 시간을 쓴다. 초보들은 공부할 생각은 하지 않고 어디서 주는 무료 추천주만 쫓아다닌다. 진짜 정보는 어떤 이상한 기법이 아니라 태도의 문제를 이야기하는 경우가 많다. 간단히 말하면 이런 것이다.

"급하게 따라가서 물리지 마라."

"공부하지 않는 분야는 투자하지 마라."

"분산 투자하라."

"저점에서 분할로 매수하라."

"분할매도하라."

"천천히 좋은 기업을 고르는 시간을 가져라."

"기업이 성장하면 그들과 수익을 함께하라."

"기다림과 인내는 많은 열매를 선물로 준다."

내 경험상 진짜 좋은 정보는 내가 시간을 들여 노력하고 공부한 것인 경우다. 그래야 흔들려도 오래 들고 갈 힘이 생긴다. 좋다고 무턱대고 무료 추천주 같은 것만 따라다니면 낭패를 보기 쉽다. 그런 작전 세력의 먹잇감이 되지 않으려면 평소 주식을 대하는 태도부터 바꿔야 한다.

정보가 중요한 게 아니라 공부한 정보가 중요하다

누구나 아는, 공개된 정보일지라도 충분히 투자 기회가 된다는 것을 강조하고 싶다. "아무도 모르게 작전하는 세력이 있으니 들어와라. 단기간에 몇 백 % 수익을 준다"라는 스팸 문자가 범람하는 시대에 주식 투자자가 주의해야 할 사항이 하나 더 늘었다. 이처럼 달콤한 속삭임은 100% 거짓말이다!

-남석관,《평생 부자로 사는 주식 투자 》

맞는 말이다. 나도 하루에 몇 개씩 주식 투자 관련 스팸 문자를 받는다. 한 가지만 소개를 해보고 싶다. 따라 하라는 말이 아니라 이런 문자가 오면 차단하라는 의미에서 올려본다.

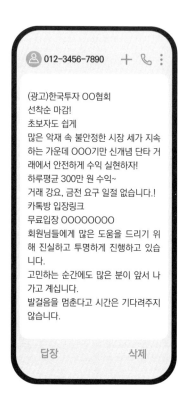

나는 이런 문자가 올 때마다 차단을 걸어두기는 하지만, 신기하게 며칠 후에 다시 또 발송된다. 스트레스가 이만저만이 아니다. 개인적으로 사용한 지 오래된 전화번호라 바꾸기도 힘들다. 금융감독원에서는 이런 스팸에 강도 높은 벌금을 매겨야 한다. 정신이 번쩍 들도록 해야 다시는 이런 스팸을 보내지 않을 것이니 말이다. 내 휴대전화 번호를 바꾸고 싶은 욕구가 용솟음칠 때도 많다.

대박 수익을 주겠다는 사람들은 항상 조심해야 한다. 그렇게 좋은 정보를 무료로 주겠는가? 세상에 100% 수익이 있다면 자기 집을 팔아서 넣겠지. 왜 스팸 문자로 뿌려서 주겠는가? 잠깐만 생각해봐도 말이 안 된다는 건 누구나 알 수 있다.

실전 투자 대회에서 1등을 밥 먹듯이 하는 남석관 슈퍼개미의 말을 들어보면 특별한 내용이 없다는 것을 알 수 있다. 바꿔 말하면, 모두가 다 아는 내용 중에서 큰 수익을 주는 최고의 정보가 있다는 것이다. 경험과 비법에 따라 수익률은 다르겠지만 고급 정보를 몰래 준다는 속임수에 속지 말기를 바란다.

정보가 중요한 게 아니라 내가 공부하고, 연구하고, 노력해서 얻은 정보인가가 더 중요하다. 인터넷을 뒤지고, 기업분석을 하고, 차트분석도 하고, 회사에 직접 전화도 해보고 하는 노력 말이다. 거의 모든 슈퍼개미는 이 작업을 거치고 큰 부자가 된다.

10년 전쯤 나도 실제로 공부하지는 않고 올림픽 관련주라고 해서 투자했다가 낭패를 본 적이 있어 그 후로는 절대 그런 주식 정보에 솔깃하지 않는다. 그때 그 일은 공부하게 되는 계기가 되어 감사한 일이다. 어떤 종목이든 뉴스나 소문을 믿고 들어가면 반드시 고점에서 물리게 되어 있다. 진짜 좋은 주식도 언제 들어가느냐가 무척 중요하다. 앞으로는 그런 정보를 따라가지 말고 공부한 정보만 따라가자. 그럼 얼마 지나지 않아 통장의 잔고가 넘치는 기적을 경험하게 되리라 기대한다.

3

한 달에 월급을
두 번 받는 방법

매달 수입의 20%로는 투자 나무를 심어라

나는 매달 수입의 20%는 투자 나무를 심는 데 쓴다. 매달 말일이 되면 전체 100그루의 나무 중에서 수익이 가장 많이 난 나무들을 고른다. 그리고 출금할 금액을 정한다. 200만 원으로 할 때도 있고, 300만 원으로 할 때도 있다. 매달 20%씩 투자를 하다 보면 수익금이 매달 다르다는 것을 알 수 있다. 매달 시장 상황마다 조금씩 다르다. 이럴 때 비결은 지출이 조금 많은 달은 조금 더 빼고 아닌 달은 조금 적게 뺀다. 그럼 평균이 맞춰진다. 매달 수익의 20%를 넣는 습관은 투자금이 점점 불어나 나중에는 큰 수익으로 보답해줄 것이다.

대부분 주식에 투자하시는 분들을 보면 몇 퍼센트의 수익을 내야 한다는 목표를 세우고 그 목표치에 도달하면 수익실현을 한다. 나의 경우는 좀 다르다. 내 기준에 맞지 않는다면 매도하지 않는다. 추세가 꺾이거나 큰 악재만 아니면 1년이고 3년이고 계속 들고 간다. 많은 분이 한결같이 하는 말이 있다. "내가 팔면 오른다." 주식 명언이기도 하다. 초보들이 흔히 저지르는 실수가 바로 충분히 더 올라갈 이유가 있는데 손절매해버리는 것이다. 참 안타까운 일이 아닐 수 없다. 아무리 팔고 싶더라도 평소에 종목에 관한 공부를 좀 해두면 이런 흔들리는 상황에서도 "아, 이러다가 올라가겠군" 하고 평안함을 유지할 수 있다.

매수 시점에 꼭 수익이 날 만한 종목을 고르는 것이 가장 중요한 점이다. 자세한 내용은 뒤에서 다시 차트 보는 방법에서 설명하기로 한다.

수익이 많이 난 상위권 종목 중 5~10%씩 전부 수확한다. 그럼 수익이 난 부분에서 매달 집과 자동차에 사용하게 된다. 나머지 심어놓은 나무들은 또 다시 한 달 동안 자라나서 다음 달의 생활비에 쓰이게 된다. 이런 식으로 계속 진행되면 평생 월급 통장이 완성된다. 만약 수익이 나지 않는 종목도 있을 수 있다. 매수 시점에서 원칙에 따라 정확히 매수했다면 그 종목들은 반드시 올라와서 수익금을 주게 되어 있다. 종목마다 수익이 나는 시점이 다 다르다. 그 이유는 시장 상황과 미국 시장, 중국 시장, 환율, 유가 등 수많은 요인이 작용하기 때문이다. 중요한 점은 평생 월급을 해결하고자 결심했다면 하루하루 수익률에 격정하거나 스트레스를 받으면 안 된다는 것이다. 나무를 심는 마음으로 하면 반드시 좋은 결과로 이어지리라 생각한다. 100종목이 전부 다 오르면 좋겠지만 사실 실제로 해보면 그렇지 않다. 오르는 게 있으면 떨어지는 게 있다. 떨어지는 종목에 신경 쓰기보다 곧 올라올 거라는 확신을 가지고, 수익이 난 종목에 집중하면 매달 집과 자동차가 공짜로 해결되는 신기한 일이 생기게 된다.

다음은 내가 실제로 매달 출금하는 모습이다. 수익이 아무리 많아도 출금 액수는 매월 거의 일정하게 만들려고 노력한다. 투자의 목적은 대박 수익이 아니라 평생 월급이기 때문이다. 많은 투자자가 간과하는 부분이다. 일하지 못할 때 생활비를 가져다주는 사람은 전 세계에서 단 1명도 없다는 사실을 기억해야 한다. 그 사실을 기억하면 돈을 막 쓰지 않게 되고 매월 일정한 금액으로 출금하는 습관이 생길 것이다. 나도 처음부터 이렇게 되지는 않았다. 매달 노력해야 한다. 막 쓰고 싶은 욕구도 조절하는 노력 말이다.

주문가능	잔고	미체결	예수금	잔고확인(실시간)	당일매매	체결확 ◀ ▶
조회	상세조회	익일 반대매매 대상현황		금일 반대매매 대상현황		

수정예수	예수금	매수/매도정산금	미수변제소요	수정인출가능금
D + 1	194,984	0	0	194,984
D + 2	2,946,936	2,751,952	0	2,946,936

예수금대용	산액	출거금	미수환포금/권리대월금
예수금	194,984	0	0
대용금	46,273,600	0	0
수표금액	0 원화주문설정금	0 인출가능금	194,984
인급미수	0 기타대여금	0 이자미납금	0

출처: 키움증권 영웅문

100그루의 투자 나무 중에서 수익률 상위 종목들을 발견할 수 있을 것이다. 상위 종목들은 많게는 30% 이상일 수도 있고 적게는 10%일 수도 있다. 추려서 5~10% 정도로 생활비를 꺼낸다. 수익이 많이 나는 종목은 80% 이상 나기도 한다. 89% 수익이 낮아도 10%를 꺼낸다고 수익률이 확 줄어지는 않는다.

좀 더 정확한 표현은 필요한 만큼만 꺼낸다이다. 예를 들어 나의 경우 매달 300만 원 정도만 있으면 생활하는 데 큰 지장이 없다. 500만원, 800만 원 더 꺼낼 수도 있지만 내가 투자하는 분명한 목표는 하루하루 생활하는 데 쓰이는 돈이다. 자동차, 집, 식료품 등 말이다. 투자의 목적이 대박 수익도 아니고, 당장 비싼 차를 사는 것도 아니다. 큰 집으로 이사하는 것도 아니고, 죽을 때까지 내가 먹고사는 데 필요한 생활비 300만 원을 걱정 없이 해결하는 것이다. 이것을 해결하지 못해 지금도 밖에서 손수레를 끌고 다니는 노인분들을 심심치 않게 만나게 된다. 나도 그렇게 되지 말라는 법은 없으므로 치열하게 공부하고, 수천 번의 매매를 하면서 깨닫게 된 기법을 공유하는 것이다. 그 결과 이렇게 매달 300만 원 정도의 수익이 나고 있으니 참으로 대단한 일이 아닐 수 없다.

처음에는 적응 기간이라고 생각하라

투자를 하다 보면 어떨 때는 수익이 난 종목들은 몇 개 안 되고 마이너스 종목들만 무더기로 발견되기도 한다. 중요한 건 매달 수익이 난 종목들 위주로 일정 금액을 출금해야 한다. 투자금이 처음에는 적을 수도 있다. 앞으로 한 달, 두 달 지나면서 점점 늘어나고 투자 나무도 10개에서 30개, 30개에서 50개로 점점 늘어날 것이다. 그럼 예전에는 작은 수익이었지만 투자 금액이 늘어남에 따라 매달 출금할 금액도 늘어나게 된다.

　나는 처음 시작할 때 소액으로 시작했지만, 지금은 금액이 엄청나게 커져 있다. 매달 약 300만 원을 출금해도 원금은 거의 그대로다. 앞으로 나는 투자금을 더 키우는 데 집중할 생각이다. 그럼 적어도 매달 500~1,000만 원을 출금해도 원금에 전혀 지장이 없는 정도가 될 거라 예상해본다. 처음에는 수익금이 적다면 출금하는 금액을 적게 잡아야 할 수도 있다. 금액이 적더라도 매달 집세, 생활비 등으로 사용하는 기쁨을 한 번이라도 누려보면 중독성이 강해 투자금을 더 늘리고 싶어질 것이다. 이 정도 진행이 되었다면 거의 성공이다. 생각해보라. 지금 10년 정도를 준비해서 평생 생활비가 해결된다면 엄청난 일이 아닌가? 중도에 포기하는 경우는 딱 한 가지밖에 없다. 종목을 잘못 선정했을 경우다. 예를 들어 올라갈 생각이 없이 계속 떨어지기만 하는 종목이 생길 수 있다. 실적이 좋으면서 계속 떨어지는 종목은 없지만, 가끔 실적과 반대로 움직이는 종목은 있을 수 있다. 이럴 때는 잠시 주춤거릴 뿐 결국은 올라간다고 확신해야 한다. 그래서 처음에 1년 정도는 소액으로 많은 경험을 해보라고 하는 것이다. 처음에는 목표를 작게 잡고 매달 50만 원씩 출금한다는 목표를 가지는 것도 좋은 방법이다.

4

욕심을 버리고
중, 장기로 투자하라

투자의 목적은 수익이 아니라 매달 생활비다

나는 매달 생활비, 집세, 자동차 유지비 등을 주식 투자 수입으로 해결하고 있다. 매달 약 200~300만 원의 수익이 나게 만들어놓았다. 시장 상황이 좋아서 수익이 더 날 때도 있다. 그럴 때는 혹시 조금만 수익이 나는 달을 위해 미리 다른 계좌로 수익을 빼놓는다. 이렇게 매달 생활비에 맞춰 중장기 투자를 하게 되면 상상하기 힘든 편안함과 안정감을 느끼게 된다.

내가 주식 투자를 하는 이유는 집을 사고 큰 부자가 되려고 하는 것이 아니다. 바로 매달 들어가는 생활비를 해결하기 위해서다. 주식 투자를 일확천금을 벌기 위한 수단으로 생각하면 곧 지옥을 경험하게 된다. 나는 약 10년 정도 쉬엄쉬엄 투자를 해왔지만, 수익이 많았던 적도 있었고 큰 손해를 보고 쉬었던 적도 있었다. 결과는 빈털터리였다. 지금 생각해보면 모두 욕심 때문이었다. 큰 욕심에는 큰 위험이 따른다는 것을 배웠다. 그리고 다시는 단기투자나 스캘핑 같은 매매법을 안 하기로 나 자신과 약속했다.

무슨 일을 하든 욕심을 너무 부리면 화가 찾아오는 법이다. 생활비에 만족하지 못하면 주식 투자로 망할 확률이 매우 높다. 과거에 나도 큰 수익에 눈이 멀어 수천만 원을 잃은 뼈아픈 경험이 있었다. 작은 수익에 감사하지 못하니 큰 수익이 와도 감사하지 못했다. 돈은 인격체인 것 같다. 나에게 온 돈들을 감사하게 생각하면 그 돈들이 친구들을 데려와서 나에게 붙어서 떠나지 않는다. 앞으로 더 설명해드리겠지만 누구나 할 수 있다. 욕심을 버리고 100종목에 나눠서 중장기로 투자하는 방법은 누구나 하는 방법이다. 내가 투자하는 방법은 조금 다르다. 일반 중장기 투자처럼 지루해지지 않기 위해 매달 수익금은 꺼낸다. 좋은 종목이 보이면 담아놓고 수익이 나는 것들을 매달 거둬들이면 끝이다. 마치 농사를 짓는 것과 같다. 씨앗을 심어놓으면 자라서 열매가 열린다. 그럼 그 열매들을 수확해서 생활비로 쓰는 것이다. 이 수확의 기쁨을 알면 주식 투자가 너무 재미있다. 큰 열매든 작은 열매든 수익이 날 때는 정말 기분이 좋다.

종목 선정과 비중, 타이밍이 중요하다

내가 처음 투자를 시작했을 때는 소액으로 시작했다. 매달 심는 연습을 하다 보니 종목의 흐름도 익숙해지고 수익이 나는 시점이 보이기 시작했다. 그때부터는 매달 월급의 20%는 계속 투자 나무를 심는데 사용했다. 그 결과 몇 년도 안 되어 매달 생활비는 평균 300만 원정도가 나오고 많을 때는 500만 원일 때도 있다. 한 가지 방법을 말씀드리자면, 살 종목이 없을 때는 돈이 아무리 많아도 안 산다는 것이다. 실제로 살 종목이 없어 한동안 10종목으로 하던 때도 있었다. 특히 하락장일 경우는 관망하는 것도 좋은 투자 방법이다.

꼭 100종목에 목을 맬 필요는 없다. 마음에 드는 종목이 나타나지 않는다고 나쁜 종목을 매수하면 안 된다. 100종목이라는 말은 사고 싶을 만큼 좋은 종목이 100종목인데 50종목만 사지 말라는 말이다. 내가 사고 싶어 미치겠는 종목이 2종목뿐이라면 100종목을 굳이 안 사도 좋다는 말이다. 하지만 좋은 자리에서 산다고 해도 아주 경험이 많지 않은 이상 100% 수익이 나는 경우는 거의 없다. 그래서 처음에는 100종목으로 가는 것을 추천해드린다. 100종목 투자법은 시장 상황이 아무리 안 좋아도 크게 심리적인 고통을 받지 않는다. 내가 투자하는 목표는 매달 생활비를 월급처럼 받는 것이다. 지금 1억 원이 수익이 난들 무슨 소용인가? 내가 수입이 없을 때 매달 200만 원~300만 원 정도면 충분하다. 지금은 투자금이 적어 생활비도 적게 나오지만 10배로 늘린다면 월수입도 약 2,000~3,000만 원 정도로 맞춰지지 않을까 생각된다. 그때쯤이면 이 책보다 더 높은 경지에 올라 새로운 책으로 여러분들에게 더 좋은 정보와 비법을 전해드리지 않을까? 기대해본다. 생활비를 주식 투자로 해결하는 것은 심리적으로 나에게 무척 편안함을 준다. 남들은 뼈 빠지게 아침부터 저녁까지 일해서 집세를 내고, 휴대전화 요금을 내고, 아파트관리비를 내고, 자동차 할부를 낸다. 정말 가슴 아픈 일이다. 그런 분들은 이 책이 시키는 투자법을 꼭 숙달해서 생활비는 주식 투자로 해결하기를 바란다.

시장 상황에 따라 수익률은 변동한다

수익률은 시장 상황에 따라 약간씩 다를 수 있다는 점은 기본적으로 이해하고 있어야 한다. 만약 계속 수익률이 높지 않다면 문제점을 찾아야 하고 심리관리에서 무너지면 안 된다. 기본적으로 수익이 발생될 수밖에 없는 종목을 바닥에서 매수했다면 끝까지 기다리는 게 정석이다. 특별한 경우를 제외하고 중간에 손절매를 치면 안 된다. 애초에 손절매하지 않을 종목을 고르는 게 가장 핵심이다. 평생 월급은 여기서 만들어진다고 해도 과언이 아니다. 실수로 잘못 매수했다면 종목을 고르는 방법에 더 신중해보자. 이런 버릇을 고치는 방법 중 한 가지는 1년에 10번만 매매하는 것도 좋은 방법이다. 종목 선정에 어려움이 생겨 계속 멘탈이 나간다면 심리적으로 무너져서 지속적인 투자를 할 수가 없다.

만약 어쩌다 알게 된 책이 있어서 읽었는데, 100세까지의 생활비가 매달 300만 원씩 해결이 되었다고 해보자. 이것이 현실로 이루어졌다면 이 책값의 수백 배의 이익을 얻은 것과 다름이 없다. 주식에 넣어놓은 투자금이 오늘 당장 내려간다고 스트레스 받지 않아도 된다. 어차피 100종목 중에서 가장 수익이 많이 난 종목들은 매달 나오게 되어 있다. 그럼 그 종목들 위주로 생활비를 빼면 된다. 그리고 D+2일 후

증권계좌에서 통장으로 찾는다. 그럼 매달 월급을 받는 데 사용한다. 투자금은 별반 차이가 없다.

여기서 주의사항은 손실 난 부분에서는 출금하지 말기를 바란다. 반드시 수익이 난 부분에서만 조금씩 꺼내 써야 한다. 수익이 안 나는 종목들은 아직 싹이 나지 않고 땅속에서 에너지를 비축하고 있다고 생각하면 된다. 주식 시장의 30년 차트를 보아도 계속 떨어지는 종목은 없다는 것을 알게 되지 않는가? 이슈가 있고 재료가 있고 실적이 좋다면 그 종목은 오른다. 이건 내 10년 투자 경력으로 보아도 그렇다. 매달 찾다 보면 매달 생활비로부터 자유로워지고 주식 시장에 매우 고마워하게 된다. 단기적인 수익을 쫓아다니면 절대 느끼지 못할 행복감을 느낄 수 있다. 평생 이렇게 수익을 쌓아가면 투자 금액은 점점 늘어나게 되고, 매달 생활비는 자동으로 해결되는 구조를 가지게 된다. 아직 늦지 않았다. 주식 시장은 평생 열린다. 법정 공휴일을 제외하고 문 닫지 않는다. 좋은 종목은 계속 오르게 되고, 시장은 등락을 거듭하면서 우상향 그래프를 그리게 된다. 이것을 현재의 큰 욕심은 버리고 잘 이용하면 평생 생활비는 100그루의 나무에서 해결할 수 있을 것이다.

내 나이가 만약 40세라고 하고, 100그루 준비를 10년간 한다고 생각해보자. 매달 100만 원씩 심는다면 1년이면 1200만 원의 나무가 완성된다. 10년이면 1억 2,000만 원의 나무가 완성된다. 매달 200만 원이라고 가정한다면 10년 후에는 2억 4,000만 원의 나무가 완성된다. 매달 300만 원이면 10년 후에는 3억 6,000만 원이 된다. 중요한 점은 100그루를 심는 동안 매달 월급은 나온다는 사실이다. 처음에는 작게 심어서 작게 나오지만, 점점 그 크기가 커져 나중에는 3억 6,000만 원을 심었다고 해도 복리로 불어나기 때문에 생활비를 10년 동안 꺼내 써도 원금 3억 6,000만 원 이상은 불어나 있게 된다. 이것이 복리의 마술이라고 하는 것이다. 이 원리를 잘 이용하면 매달 집세와 자동차와 외식비 등을 완벽하게 해결할 수 있는 것이다. 100그루를 심고 결실을 보다 보면 공부를 자동으로 하게 된다. 결론은 투자금은 점점 키워나가는 게 핵심이다.

5

망하지 않는
종목 선택 노하우

5등 기업보다 1등 기업을 선택하라

좋은 종목으로 승부를 보아야 한다. 나쁜 종목은 절대로 손대면 안 된다. 피 같은 돈인데 아무 데나 막 넣으면 실패할 수밖에 없다. 이 투자법은 간단하게 말하면 100종목을 사서 수익이 날 때까지 가지고 있는 것이다. 그러려면 종목이 좋아야 한다. 매출이 안 좋거나 3년 연속 적자인 기업은 피해야 한다. 매출과 영업이익률만 확인하고 저점에서 산다면 절대 실패하지 않는다. 좋은 종목으로 해야 장기적으로 크게 수익을 낼 수 있다.

내가 종목을 선택하는 기준은 다양하다. 영업이익, 매출, 유보율 등 등을 가지고 투자를 하는 때도 있지만 한 업종 안에서 시장점유율이 높고 1등인 기업을 찾아서 투자하는 때도 있다. 좋은 기업은 대부분 비싸다. 하지만 좋은 기업인데 저평가되어 있는 기업을 위주로 산다.

시가총액은 1조 원이 넘지 않는 선이 좋다. 그 이유는 비싼 종목들은 모두 그 가치를 인정받고 내려올 일만 남은 경우가 허다하기 때문이다. 나는 되도록 바닥에서 접근하는 방식을 취한다. 그래야 악재로 떨어지더라도 덜 위험하기 때문이다.

업계 최고의 기술력을 가지고 있는가?

종목을 선택할 때는 기술력이 업계 최고인가를 항상 살펴야 한다. 아무도 따라오지 못하는 기술 초격차 말이다. 그럼 아무도 그 기업을 넘볼 수 없으므로 계속 성장할 가능성이 매우 크다. 현대차를 사기보다 현대차에 납품하는 부품기업 중 기술력이 매우 뛰어난 기업을 사는 것이 훨씬 수익이 높다는 말이다. 최고의 기술력을 가지고 있으면 그 기술이 유출되거나 하지 않는 이상 경쟁상대가 없다. 사람들은 샤넬백을 사려고 줄을 서서 기다린다. 왜 그런가? 그 회사만 가지고 있는 무언가가 있으므로 백화점에 매일 줄 서서 기다리는 것이 아닌가? 주식을 살 때도 이런 점을 잘 살펴봐야 한다. 좋은 물건, 차별화된 물건을 만드는 회사를 찾아야 한다. 수십 년의 비법을 가진 기업은 특수한 기술력이 있을 가능성이 매우 크다. 점심시간에 나가서 순댓국을 먹을 때도 30년 전통을 따지면서, 왜 주식은 30년 기술력은 따지지 않는가?

절대 망하지 않는 회사를 찾아야 한다

그동안 쌓아온 기술력은 한순간에 사라지는 법이 없다. 최고의 기술력을 가진 기업을 찾는데 많은 시간을 쏟기 바란다. 그저 뉴스에서 사라고 하는 주식들은 대부분 나에게 수익을 주기는커녕 손실만 안겨줄 가능성이 매우 크다. 자신이 직접 공부하고 찾아본 종목은 투자할 때 자신감이 생기고, 어려움이 와도 버티게 하는 힘이 되어준다. 공부하라는 것은 바로 이런 기업들을 공부하고 찾아보라는 것이다.

다음 차트는 업계 최고의 기술력을 가진 '심텍'이라는 회사의 차트다. 이 회사는 반도체 메모리 모듈 글로벌 점유율 1위의 기업이다. 심텍은 올해도 전년 대비 33% 증가한 2,110억 원의 영업이익을 내며

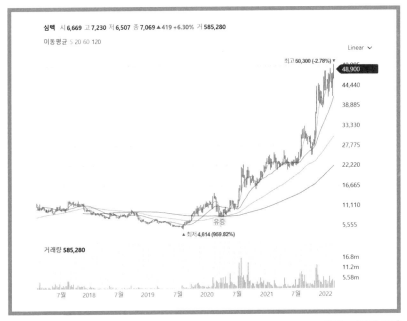

출처: 네이버 증권

최고 실적을 달성하기도 했다.

2018년에 1만 원밖에 하지 않던 주가는 4년 만에 약 4배가 넘게 오르는 것을 볼 수 있다. 이런 기업을 바닥에서 샀다면 아마도 큰 수익을 보았을 것이다. 주봉상 20일 선을 깨지 않고 계속 치고 올라가는 모습을 볼 수 있다. 만약 바닥에서 샀다면 끝까지 보유했을 것이다. 나는 주봉상 20일 선을 깨지 않으면 절대 매도하지 않는다. 자신만의 원칙이 없다면 이런 종목을 샀어도 2~3%만 먹고 나오는 큰 실수를 할 수밖에 없다. 이런 종목은 발굴하는 순간 금덩이를 발견한 것과 같다. 매

Financial Summary 주재무제표 ▼ 검색 FRS ⑦ 산식 ⑦								
							*단위 : 억원, %, 배, 주	*분기 : 순액기준
전체	연간		분기					
주요재무정보	연간				●	분기		●
	2018/12 (IFRS연결)	2019/12 (IFRS연결)	2020/12 (IFRS연결)	2021/12(E) (IFRS연결)	2021/03 (IFRS연결)	2021/06 (IFRS연결)	2021/09 (IFRS연결)	2021/12(E) (IFRS연결)
매출액	10,075	10,002	12,014	13,656	2,831	3,247	3,660	3,920
영업이익	308	-179	897	1,600	153	312	504	630
영업이익(발표기준)	308	-179	897		153	312	504	
세전계속사업이익	104	-424	749	1,543	90	255	577	710
당기순이익	23	-394	565	1,243	64	171	532	
당기순이익(지배)	50	-366	566	1,236	63	170	528	482
당기순이익(비지배)	-27	-28	-1		1	1	5	
자산총계	8,133	8,399	7,798	8,953	7,878	8,069	8,497	8,953
부채총계	5,988	6,784	4,915	4,947	5,018	5,043	4,872	4,947
자본총계	2,146	1,615	2,883	4,006	2,860	3,026	3,625	4,006
자본총계(지배)	2,128	1,625	2,879	3,990	2,852	3,016	3,593	3,990
자본총계(비지배)		-10	4		8	10	32	
자본금	122	122	171	170	171	171	171	170
영업활동현금흐름	905	-316	2,155	1,876	218	532	-42	

출처: 네이버 증권

일 시간을 내어 수익을 극대화하는 기업을 찾아보자. 이번에는 심텍의 재무제표를 통해 실적을 한번 확인해 보자.

최고의 기술력을 가진 회사는 계속 성장하기 때문에 실적도 매우 훌륭하다. 2019년에 잠깐 실적이 안 좋았지만 2020년에는 바로 회복해주면서 2021년에는 2020년에 2배를 기록하는 기염을 토하게 된다. 참고로 이런 기업은 꼭 바닥이 아니더라도 중간쯤에서 샀다고 해도 2배 수익을 안겨준다. 나의 평생 월급을 만들어주는 최고의 기업인 것이다. 여러분이 평소에 하루에 1시간 정도 기업 찾기에 투자한다면 반드시 성공하리라 생각한다.

6

고수들은
뜨거운 종목에서 논다

뜨거운 종목만 바닥에서 사라

다음은 '로보로보'라는 요즘 뜨거운 종목이다. 이런 차트를 보고 바
닥에서 샀다면 약 100%의 수익을 얻을 수 있다.

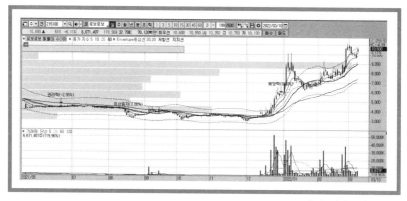

출처: 키움증권 영웅문

추세가 살아 있고 계속 들고 갔다면 5,000만 원이 금방 1억 원이 되는 것이다. 앉아서 이 책을 보고 잘 공부한 사람은 5,000만 원 투자로 바로 1억 원을 만드는 기적을 경험하게 되는 것이다. 여러분들 중에는 이 책을 잘 보고 한 달에 5,000만 원 이상 버는 사람이 많아지길 기도한다. 이것이 내가 이 책을 쓰는 이유다. 지금 수많은 주식 투자자분이 큰 고통을 겪고 있다. 러시아와 우크라이나의 전쟁, 유가 폭등, 곡물값 폭등, 미국의 금리 인상 등 수많은 악재와 싸우며 매매하고 있을 것이다. 이런 말씀을 드리고 싶다. 추세가 살아 있고, 뜨거운 종목에서 승부를 봐야 한다는 것이다. 그럼 손실이 났던 돈을 모두 메꿔버리는 기적이 연출되는 것이다. 앞서 차트도 보면 계속 치고 나가다가 중간에 살짝 꺾이는 것을 볼 수 있다. 이런 지점에서 어떤 분들은 큰 수익을 보지도 못하고 다 팔아버리고 네이버 종목토론방에서 이런 말을 한다.

"잘 먹고 갑니다."
"도망쳐."
"오후에 폭락 예상!"

이런 어리석은 짓이 어디 있는가? 그래서 나는 네이버 종목토론방은 잘 들어가지 않는다. 기본적인 투자에 대한 정보를 나누는 데가 아니라 광고 글과 다른 사람들을 놀리는 표현들이 많다. 그리고 개중에는 손실로 하소연하는 사람들도 있다.

만약, 여러분들이 뜨거운 종목을 저점에서 잘 샀다면 절대로 적은 수익에 만족하지 말기를 바란다. 이것이 평생 월급 시스템을 만드는 가장 핵심 비법이다. 이 비법만 잘 터득하면 평생 월급이 확실하게 보장된다. 그리고 앞서 차트처럼 중간에 꺾이는 날이 오더라도 인내와 끈기로 버티면 수익이 난다는 사실을 잊지 마시기를 바란다.

뜨거운 종목이라도 신규 상장주는 피해라

다음의 차트는 요즘 뜨거운 신규 상장주인 'LG 에너지솔루션'이라는 종목이다. 다음 표를 보시다시피 계속 하락 추세를 그리는 종목이다. 도저히 올라올 기미가 보이지 않는다. 고점에서 샀던 분들은 얼마나 큰 고통 속에서 살고 있을지 생각해보라. 하루하루가 우울증 증세와 만성피로로 힘들게 살고 계실 것이다.

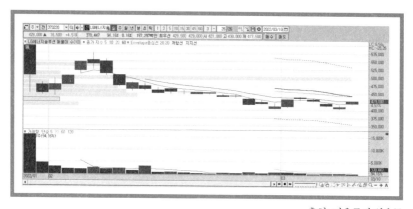

출처: 키움증권 영웅문

신규 상장주는 대부분 기관에서 물량을 많이 들고 있고, 어느 정도 시세가 나온 상황에서 상장해서 고수들이 아니면 저점을 잡아내기가 매우 힘들다. 개미투자자들을 꾀기 위해 증권사에서는 다음의 기사들처럼 예측하는 청약경쟁률로 뉴스에 대대적으로 홍보를 한다.

출처: 네이버 뉴스

그리고 고점에서 들어갔던 개미투자자분들은 눈물을 흘리는 일이 벌어지게 된다. 주식 시장의 허점을 이용한 증권사들의 횡포라고 할 수 있다.

출처: 네이버 뉴스

나도 예전에는 신규 상장주를 매매하다가 크게 당한 적이 있다. 그때 깨닫게 된 사실이 있다.

"절대 신규 상장주는 200% 수익을 준다고 해도 들어가지 않는다."

"최소한 1년은 지켜보고 들어간다."

내 나름의 이런 원칙을 세우게 되었다. 여러분들은 신규 상장주에 당해서 피눈물을 흘리는 일이 없기를 바란다.

1. 8,000만 원으로 100억 원을 만든 슈퍼개미의 전략
2. 500만 원으로 수백억 원의 자산을 만든 분의 전략
3. 월 5,000만 원씩 수익을 내는 지인의 투자 전략
4. 세계적인 머니 코치가 말하는 성공 전략
5. 전설적인 투자 전략가의 수익 극대화 전략

PART 4

천재들에게 배우는
투자 전략

8,000만 원으로 100억 원을 만든 슈퍼개미의 전략

부자가 될 회사를 선택하라

"제 투자 원칙은 성장하는 산업에서 부자가 될 회사를 선택하는 것입니다."

－선물주는 산타, 《선물주는 산타의 주식 투자 시크릿》

"부자가 되려면 부자에게 점심을 사라"라는 말이 있다. 일본 작가가 쓴 책에 나온 말이다. 주식 투자에도 이 규정은 그대로 적용되는 듯하다. 최근에 인터넷서점에서 발견한 귀한 책이 있어서 소개해드리고자 한다. 종잣돈 8,000만 원으로 8년 만에 100억 원을 만들었다는 투자자의 이야기다. 자신의 실명은 밝히지 않고 '선물주는 산타'라고만 적혀 있었다. 이분은 단기 투자로 많은 우여곡절을 겪다가 어느 순간 종목 선정과 투자 자세가 수익을 내는 가장 큰 비결임을 깨닫고, 그 이후로 승승장구하는 슈퍼개미 투자자가 되었다고 책에서 말하고 있다.

 이분이 책에서 말하는 비결 중 한 가지는 예상 실적이 그려지는 회사를 사라는 것이다. 회사가 부자가 아닌데 그 회사에 투자해서 돈을 벌 생각을 하면 안 된다는 것이다. 뜨끔 하는 충고였다. 쉽게 말해 투자로 돈을 벌려면 종목 선정이 투자의 성패를 좌우한다는 것이다. 주식을 시작한 지 얼마 되지 않은 사람들이 흔히 하는 실수 중에 저평가된 기업을 산다고 생각하고 예상 실적이 그려지지 않는 기업을 사는 것이다. 그럼 투자 손실을 피할 수 없다. 좋은 회사는 언제나 상품을 잘 만들고, 마케팅도 잘해 수익이 날 수밖에 없기 때문이다. 그럼 당연히 그 회사의 주식은 계속 올라가는 이치다.

 선물 주는 산타가 100억 원을 벌 수 있었던 비결도 이런 종목 선정에 탁월했기 때문이다. 이분은 투자에 성공하려면 좋은 회사를 고르는 능력이 거의 다 일 만큼 중요하게 생각하고 있는 듯하다. 초보들처럼 망하는 회사, 실적이 좋지 않은 회사들이 좋은 뉴스가 나와서 냉큼 사버리는 실수를 저지르지 말라는 것이다.

 하지만 예외는 있다. 현재는 적자 기업이지만 흑자로 돌아서는 기업은 투자 대상에 오르게 된다. 쉽게 말해 주가가 '턴어라운드' 하는 기업도 관심 있게 지켜보는 것이 중요하다. 나도 이런 기업에서 80% 이상 이익을 얻은 적이 있어서 추천할 만하다. 사실 친구나 다른 사람에게 추천할 만한 주식은 그리 많지 않다. 대부분 "이런 회사를 추천해 줘"라고 하는 경우가 많은데, 좋은 기업은 이미 주가가 많이 오른 경우가 대다수다. 그래서 수익이 많이 나기보다 올라도 조금 오르기 때문에 고수들은 흑자로 전환하는 회사를 아주 좋아한다는 사실을 알게 되었다. 물론 고점에서 사는 건 아니다. 저점에서 충분히 떨어질 때까지 기다리면 좋은 결과로 이어지는 경우를 많이 보았다. 그런 회사들은 사람들의 관심이 집중되고 증권사에서 가만히 놔두지 않는다. 기관들이 5일 연속 순매수하는 종목 중에는 실적이 안 좋은 기업들도 다수 포함되어 있는 것을 볼 수 있다. 대부분 턴어라운드 하는 기업임을 참고하면 좋을 듯하다.

돈을 좇지 말고 타인을 돕는 일에 집중하라

많은 사람이 돈을 많이 벌려고 주식을 시작한다. 이분이 말하는 돈 버는 방법은 조금 달랐다. 돈을 벌려고 하면 도망가고 남을 도와주려는 이타심에서 돈이 벌린다고 말하고 있다. 데이브 아스프리의 《최강의 인생》이라는 책에도 이런 내용이 있다.

"나는 꽤 오랫동안 돈을 좇았다. 하지만 돈을 좇을수록 더욱 불행해졌다. 생각을 바꿔 나를 진정으로 행복하게 만드는 일, 즉 타인을 돕는 일에 집중했다. 행복을 좇았을 뿐인데 자연스레 재정적 보상이 뒤따랐다. 행복이 돈을 불러오는 것이지 돈이 행복을 불러오는 것이 아니다."

-데이브 아스프리(Dave Asprey), 《최강의 인생》

SBS <생활의 달인>이라는 프로그램을 즐겨보는 편이다. 장사가 잘

되는 식당들의 특징을 여실없이 다 보여준다. 새벽부터 밤늦게까지 피곤한 기색도 없이 일하는 달인들이 나온다. 그들이 일하는 모습을 보면 돈을 많이 벌겠다는 생각보다 손님들에게 맛있게 대접해야겠다는 생각이 더 크다는 사실을 알게 된다. 좋은 음식에 땀이 흐를까 머릿수건도 신경 쓰고, 맛있는 국물을 대접하기 위해 국수 육수를 3일 동안 좋은 재료로 우려내기도 하고, 더 고소한 빵을 굽기 위해 수많은 고급 재료와 숙성기간도 특별하게 하는 모습들은 도무지 돈 때문에 일한다는 생각이 들지 않는다. 오로지 고객이 음식을 먹는 것에 행복을 느끼게 해주려는 행복 전도사의 느낌이 강하게 든다. 음식 장사도 행복을 좇으면 돈이 따라온다는 것은 진리다. 그런 식당이 망하는 것을 본 적이 있는가? 장사 안 되는 식당은 다 이유가 있다. 반드시 음식은 정성과 땀으로 빚어내는 예술작품이 될 때 고객들이 감동하고 단골이 되는 것이다.

　주식을 하면서 돈을 번다는 것도 이런 맥락에서 생각해보면 좋겠다. 돈을 좇으면 불행이 따라오고, 행복을 좇으면 수익이 따라온다고 생각하는 것이다. 고객들을 행복하게 해주는 기업에 투자하면서 나도 같이 행복해지는 방법 말이다. 이것이 선물주는 산타가 우리에게 전달하고자 하는 메시지라고 생각한다. 이분의 책을 보면서 나도 이런 회사를 골라야지 하는 결심을 하게 되었다. 세상을 더 밝고 환하게 해주는 일에 동참하는 사람에게 하늘에서 큰 복을 내리는 원리다.

500만 원으로
수백억 원의 자산을 만든 분의 전략

24만 유튜버로 유명한 슈퍼개미 배진한 님의 저서를 본 적이 있다. 《투자를 잘한다는 것》이라는 책이다. 500만 원으로 수백억 원의 자산을 만든 투자자로 유명한 분이다. 그의 핵심 비법과 검증된 성공 투자 전략이 담겨 있어 매우 유용하게 본 책 중 하나다. 책 속에 이런 내용이 있었다. 그가 그동안 만났던 슈퍼개미들의 10가지 공통점인데, 내용이 매우 좋아 공유해보고자 한다.

배진한 님이 만났던 슈퍼개미들의 특징 10가지

1. 성실하고 부지런합니다.
2. 근검절약이 몸에 배 있습니다(간혹 아닌 사람도 있습니다).
3. 쌓아온 인맥을 통해 양질의 정보를 수집합니다.
4. 자신의 주장을 펼치기보다는 타인의 이야기에 귀 기울여 듣고 수용합니다(간혹 아닌 사람도 있습니다).

5. 위험관리를 잘합니다. 현금 비중을 상황에 맞게 조절합니다.

6. 자기만의 투자 방법을 만들어서 고수합니다.

7. 일상생활에서 투자의 기회를 발굴합니다.

8. 꾸준한 운동을 통해서 건강관리를 철저히 합니다.

9. 신문, 독서 등을 통해 끊임없이 공부합니다.

10. 멘탈 관리를 잘합니다.

여기서 가장 중요한 습관 3가지를 꼽을 수 있을 것 같다. 꾸준한 운동, 자기만의 투자 방법, 근검절약이다. 먼저 꾸준한 운동에 대해 말해보자. 세상에서 가장 부자라고 해도 건강관리를 소홀히 하면 그 돈들은 과연 어디로 갈까? 나는 돈을 버는 일을 하는 사람들이 가장 소홀히 하는 것이 건강관리라고 생각한다. 내가 아는 분 중에도 사업에 너무 몰두한 나머지 심장마비가 와서 큰 수술을 2번이나 하신 분이 있다. 으리으리한 집에 살면서 수입차를 타고 다니는데 쓰러지면 그것들이 다 무슨 소용인가? 반드시 건강관리를 철저히 해야 오래도록 행복한 부자가 될 수 있다고 생각한다.

그다음은 자기만의 투자 방법이다. 세상에 아무리 좋은 투자 방법이 있다고 해도 나에게 맞지 않는다면 그 방법은 쓰면 안 된다. 만약 해보지도 않고 판단하는 것은 위험할 수 있다. 5일선 매매법이 본인에게 맞는다면 그 방법을 쓰면 되고, 평생 월급 시스템이 맞는다면 그 방법을 쓰면 되는 것이다. 누구 말이 맞는다고 할 수 없다. 주식 투자에서 100% 확률은 없으므로 반드시 자신만의 투자 스타일을 가져야 한다. 남의 투자 방법을 가지고 내 것으로 승화시키는 것도 좋은 방법이다.

내가 알려주는 평생 월급 시스템을 가지고 자신만의 독특한 시스템으로 만드는 것도 적극적으로 추천한다. 종목 수를 바꾼다든지, 물타기, 불타기를 추가한다든지 하는 여러 가지 방법을 시도해보기 바란다. 자기만의 투자 방법을 실행할 때 반드시 주의할 점이 있는데, 그것은 바로 소액으로 해보라는 것이다. 어떤 부자 유튜버가 이런 말을 한 적이 있었다.

"100만 원으로 이것저것 다 해봐!"

예전에는 이 말이 이해가 안 되었지만, 지금은 정말 진리와 같은 말이었다고 생각이 든다.

다음은 근검절약이다. 옛 어르신분들이 하는 이야기 중에 가장 많이 하는 이야기가 아껴 쓰고 저축하라는 말이다. 정말 맞는 이야기다. 배우거나 투자하는 데 돈을 쓰는 것은 빌려서라도 해야 한다. 그런 것들은 낭비가 아니고 미래에 큰 선물을 주기 때문에 해야 한다. 하지만 쓸데없는 데 돈을 쓰는 것은 비참한 미래를 맞이할 수밖에 없다. 예를 들어 한달 월급이 300만 원인데 200만 원짜리 명품 가방을 사고 뿌듯해 하는 것들 말이다. 부자들은 그런 돈으로 그런 물건을 사지 않는다. 더 많은 수입이 들어오는 시스템에 투자한다. 그리고 그 수익금으로 명품을 사는 것이다. 부자와 가난한 사람들이 소비하는 것을 보면 거꾸로 되어 있다. 그래서 부자는 계속 더 부자가 되고, 가난한 사람은 계속 가난해지는 것이다. 지금만 약 나의 소비습관이 남는 게 없는 패턴이라면 당장 바꿔야 한다. 그리고 평생 월급 받는 시스템을 만들어야 한다. 이것은 하고, 하지 않고의 문제가 아니다. 시스템이 없으면 80세가 넘어서도 직장을 찾아다니는 지옥을 경험해야 한다.

직장을 다니면서 1달 동안 열심히 일했는데 남는 게 0원이면 그만큼 고통스럽고 한심한 일은 없다. 소득 수준에 맞게 소비하는 것이 매우 중요함을 잊고 사는 경우가 많다. 그리고 시스템을 만드는 일에 전념해야 한다. 공부하고, 책도 보고, 동영상도 찾아보는 노력이 필요하다. 경험이 무척 중요하다. 내가 아는 지인 중에 한 분은 부모님이 갑자기 돌아가셔서 약 30억 원을 상속받았다. 그리고 식당을 차렸는데, 몇 달 만에 10억 원의 돈을 날렸다. 경험도 없이 식당을 차리면 이런 일이 생기는 것이다.

투자금을 만드는 데 가장 중요한 습관이 바로 경험을 차근차근 쌓는 것과 근검절약이라고 생각한다. 꼭 필요한 곳에 써야 하지만 써도 낭비가 되는 일에는 절약하는 것이다. 낭비하는 습관을 버리지 못하면 돈을 아무리 많이 벌게 되어도 천천히 망하는 길임을 명심하자.

예를 들어 내가 버는 돈이 월 1억 원이라고 해보자. 그런데 내가 한 달에 쓰는 비용이 2억 원이다. 대출을 받아서 이자도 내야 하고, 수입보다 지출이 많아지면 마이너스 1억 원의 빚쟁이로 전락해버린다. 밤새도록 아침부터 열심히 일한 대가는 사라져버린다. 그리고 그 빚더미에서 벗어나기 위해 많은 시간과 노력을 들여야 한다. 대표적으로 카푸어족이 그렇다. 좋은 수입차는 충분한 수입이 있고 나서 해도 늦지 않다. 지금 쥐꼬리만한 월급으로 그렇게 흥청망청 살다 보면 내 경험상 크게 후회할 날이 올 것이다. 투자를 하든, 사업을 하든, 직장을 다니든 이 사실만 기억하면 오래도록 쌓아온 부를 계속 불릴 수 있을 것이다.

3

월 5,000만 원씩 수익을 내는
지인의 투자 전략

공포에 사서 환호에 팔아라

지인 중에 한 분은 매달 투자 수익 5,000만 원 정도를 내는 분이 계신다. 이분은 강남에 사는 직장인으로 몇 년 전 나에게 투자 철학을 알려준 귀한 분이다. 이분의 투자 철학이 몇 가지 있는데 그중 한 가지는 "공포에 사서 환호에 팔아라"이다. 이건 나중에 다시 자세히 다룰 예정이다.

사실 초보 시절 이런 말을 들으면 바로 적용시켜야 하는데, 그러지 못했다. "공포에 사라고?" 지금은 그 말이 이해가 되어 공포에 진짜로 사는 담대함도 생기게 되었다. 실제로 큰 수익을 본 적도 있다. 이건 지금 와서 생각해보면 수천만 원짜리 비법이다. 하지만 그때 당시에는 전혀 알지 못했다. 아무것도 모르는 상황에 귀한 비법을 알려준다고 되는 게 아니라는 결론이 났다. 중요한 건 이분의 비결은 경험에서 나오는 것들이다. 말로 글로 배우는 게 아니라 투자를 10년 이상 하면서 각종 상황별 대처 방법을 몸으로 체험해야 한다고 말한다. 그만큼 이론으로 안 되는 것이 주식 시장이다.

또 한 가지의 투자 철학은 "향후 2~3년 안에 큰 호재가 있는 분야 내에서만 투자하라"이다. 국내 주식 시장에 있는 2천 개 넘는 종목 중에서 주식을 고르면 문제가 생긴다. 가는 쪽이 있고 아예 안 움직이는 쪽이 발견된다. 수익을 내기가 무척 어려워진다는 것이 문제다. 그분은 향후 2~3년 안에 대형 호재가 있는 주식들을 모두 추려서 공부한다고 한다. 그리고 그 범주 내에서만 투자한다고 한다. 이 방법은 아주 확률적으로 높은 수익률을 안겨준다고 귀띔해주었다. 그 덕분에 나도 큰 수익을 본 적이 있었다. 감사한 일이다. 그래서 사람은 주변 사람에 의해 운명이 결정된다는 말이 맞는 것 같다.

왜 이 종목을 샀는지 정확히 하라

서울에서 부산으로 간다고 하면 제일 먼저 내비게이션에 목적지를 찍고 간다. 가다가 잘못된 길로 들어가더라도 내비게이션에는 목적지가 입력되어 있기 때문에 경로를 수정해서 간다. 시간이 더 걸리고 가지 않아도 되는 길로 좀 돌아서 가긴 해도 결국 도착은 한다는 말이다. 여기서 중요한 것은 결국 목적지에 도착한다는 것이다. 주식도 똑같다. 내가 산 주식이 내가 목표한 금액으로 바로 갈 수도 있지만 좀 눌렸다가 갈 수도 있다. 그러면 이때 당황하거나 두려움에 떨지 않아야 한다. 이때가 바로 절호의 매수 기회이기 때문이다. 일명 '눌림목'이라고 하는 매수 급소다. 선수들은 이런 부분에서 매매를 진행하고 수천만 원이 넘는 시세차익을 가져간다. 이걸 가능하게 해주는 것이 바로 매수 근거가 명확하다는 것이다. 왜 나는 이 주식을 샀는지가 명확하면 주식 시장이 흔들려도 근심과 걱정으로부터 해방될 수 있다.

예를 들어 이 회사는 자동차 브레이크를 만드는 데 세계 최고의 기술력이 있다고 해보자. 그럼 그 회사의 실적도 늘어나고 있고, 업황도 개선되고 있다면 지금 살짝 내려간다고 해도 견딜 힘이 생긴다. 이게 중요하다. 내가 주식을 10년 정도 투자하면서 수많은 위기상황을 겪어보았다. 그때마다 나는 먼저 "이런 회사가 과연 망할 수 있을까?" 생각한다. 대답은 항상 "아니다"로 끝났다. 악재가 와서 마이너스 30%가 되어도 버틸 수 있는 종목을 사자. 그럼 성공한다. 그 믿음이 잘못된 것이라면 버티지 못하고 손절매를 치고 손해를 볼 것이다. 하지만 그 믿음이 확고하고 제대로 선택했다면, 신경 쓰지 않고 업무에 집중하면서 수익이 나는 상상을 하며 하루하루 즐겁게 살면 된다. 그래서 종목을 고르고 매수를 할 때 이미 수익이 거의 확정된다고 생각한다. 눌림목이 아닌 고점에서 산다면 어떻게 될까?

정신적 혼란은 고점에서 살 때 온다

주식을 바닥에서 사지 않고 고점에서 사게 되면 무슨 일이 일어날까? 그 즉시 멘탈 붕괴를 경험하게 된다. 주식에서 멘탈은 매우 중요한 것이다. 다음 차트를 보면 계속 올라가는 주식이 어느 시점이 되니 우측으로 횡보한다. 그리고 아래로 곤두박질치는 일이 생기게 된다. 14만 원 하던

출처: 네이버 증권

'SK 하이닉스'의 주식이 8만 원대까지 하락하는 모습을 볼 수 있다. 저점 대비 2배 이상 오른 주식은 되도록 조심하는 것이 좋다.

생각만 해도 끔찍하지 않은가? 실제로 주식을 시작하는 분들은 저 높은 고점에서 사고 크게 후회한다. 나 또한 그랬던 적이 있으므로 지금은 실수를 거의 하지 않지만, 그때의 교훈이 없었다면 지금의 나는 아마 없었을 것이다. 지금 만약 고점에 물려 있으신 분들이 계신다면 꼭 드리고 싶은 말씀이 있다. 힘드시더라도 끝까지 버티시든지 아니면 반등을 줄 때 싹 털고 나오시든지 둘 중 한 가지를 선택해야 한다.

4

세계적인 머니 코치가 말하는
성공 전략

고수의 필수조건, 예지력이 아니라 평정심

내가 좋아하는 베스트셀러 작가 중에 보도 섀퍼라는 사람이 있다. 세계적인 머니 코치이자 밀리언셀러 작가다. 《멘탈의 연금술》이라는 책을 썼는데, 그 전에 출간된 《돈》이라는 책이 워낙 유명해서 이 책도 같이 사게 되었다. 예전에 어떤 작가님께서 책에 '300권의 책이 집에 있으면 절대 집안이 망하지 않는다'라는 말을 하셨던 영향으로 수시로 책을 모으고 스타벅스에서 커피 한 잔과 책을 읽는 게 취미가 되었다. 거의 매달 서점에 가서 책을 구매하는데, 구매하는 손이 무거울 정도로 산다. 이게 습관이 되다 보니 집에 책장이 꽉 차서 더 늘려야 할 지경이 되었다. 어느 날은 예전에 같이 살던 동생이 집에 놀러와 책이 많은 내 방에 들어와서 깜짝 놀라며 물어본다. "형, 이거 다 보려고 산 거야? 전시용이야?"라고. "보려고 산 거지만 첫 페이지만 읽고 아직 못 본 것도 있어"라고 대답했던 기억도 난다. 사실 책 수집을 하다 보면 벌어지는 일들이다. 하지만 나중에는 꼭 보게 되기 때문에 많이 산다. 생각해보자. 책 한 권에 1만 원 정도라고 하면, 책 한 권에 인생을 살아가는 비법 1개만 알아도 책값 이상은 번 것이다. 이만한 투자가 세상에 어디 있는가? 책 사는 데 고민이신 분들은 꼭 이점을 유념해보시기 바란다. 그리고 한 달 중에서 10일 정도는 스타벅스에 가서 책을 본다. 해본 사람만 아는 소소한 행복이다. 예전에 어떤 회사의 CEO도 아침에 운동 후 스타벅스에 가서 커피를 마시며 뉴스를 본다는 말을 들었던 것 같다. 암튼, 이 책에서 말하는 메시지를 요약하면 실력과 운, 재능을 가졌다고 해도 멘탈이 약하면 성공할 수 없다는 것이다. '목표를 이루고 원하는 삶을 사는 법'에 대한 이야기는 보는 내내 깊은 생각을 하게 한다. 이 책에서 좋은 내용이 있어 공유하고자 한다.

"흔히 성공하는 사람들에게는 남다른 예지력과 판단력이 있다고 생각한다. 하지만 정작 그들이 가진 것은 '평정심'이다. 성공하는 사람들도 평범한 사람과 똑같다."

-보도섀퍼, 《멘탈의 연금술》

성공하는 사람들도 하루 3끼를 먹고, 나도 하루 3끼를 먹는다. 그 사람도 잠을 자고 나도 잠을 잔다. 똑같은 사람이다. 우리가 주식 투자를 하면서 놓치고 있는 부분은 슈퍼개미들이나 성공한 투자가들은 다른 음식을 먹는 다른 세계에 사는 사람이라고 생각하는 것이다. 아니다. 똑같은 환경에서 투자해도 그들은 고통이 오거나 낙담이 되더라도 평정심을 유지할 뿐이다. 평정심은 종목에 대한 신뢰와 믿음에서 나온다. 그런 믿음은 오랜 경험과 비법에서 나온다. 그러니까 아무리 험한 상황이 와도 전쟁의 공포가 와도 절대 흔들리지 않는다. 오히려 좋은 매수기회로 삼고 돌진한다. 과감하게 매수한다. 그리고 평정심을 통해 장기 보유하고 큰 이익을 거두는 것이다.

나는 슈퍼개미들이 신처럼 보일 때가 있었다. 수십억 원을 배팅하면서 수천만 원을 하루에 벌어들이는 모습은 가히 충격적이었다. 하지만 나는 지금의 성공보다 장기간 계속 성공하는 방법을 찾았고, 실천하고 있다. 지금 수백억 원대 부자지만 10년 후 큰 실패로 통장이 빈털터리가 된다면 과연 부자라고 할 수 있을까?

나의 평생 월급 시스템은 큰돈을 버는 게 목적이 아니다. 오랫동안 가족들과 행복하게 살기 위한 자금이 필요할 뿐이다. 나이 들어서 일하지 못할 때 자녀들과 맛있는 피자가 먹고 싶어도 못 먹는 일을 방지하기 위해서다. 나이 어린 자녀들이 맛있는 치킨을 먹고 싶다고 난리를 칠 때 돈 걱정하지 않도록 하는 데 목적이 있다. 근사한 여행지로 사랑하는 아이들과 함께 가고 싶을 때 돈 때문에 못 가는 일은 절대로 생기면 안 되는 것이다. 앞으로의 일을 무턱대고 아무 대책 없이 '어떻게 되겠지'라고 생각하고 있다면 심각하게 다시 생각해야 한다. 돌파구를 찾아야 한다. 나는 그 돌파구가 이 책이 되면 좋겠다. 이 시스템을 통해 평생 돈 걱정에서 해방되는 여러분이 되시길 바란다. 대통령도, 기획재정부 장관도, 가장 친한 친구도 해줄 수 없는 일이다. 반드시 이 시스템을 여러분의 무기로 만들어서 인생의 승리자가 되시길 바란다. 단, 한 가지 유념할 부분은 아무리 좋은 시스템도 좌절과 두려움은 찾아온다는 것이다. 계속된 하락장이 올 때는 고통스러울 때도 있을 것이다. 하지만 평정심, 종목에 대한 믿음을 잘 유지한다면 성공적인 투자를 할 수 있을 것이다.

큰 수익만 바라면 평정심이 깨진다

주식 투자의 목표를 수억 원, 수십억 원을 버는 데 두지 마라. 그럼 평정심을 잃고 방황하는 일이 생길 수 있다. 주식에서 평정심은 무척 중요하다. 처음에 1년 정도는 생활비 정도에 만족하기 바란다. 그럼 수익이 나든 안 나든 크게 당황스럽지 않을 것이다.

초보운전자들이 차를 살 때 실수하는 부분이 있다. 언젠가 초보가 벤츠를 끌고 다니는 것을 본 적이 있는데, 벤츠 신형인데 뒤에 초보운전을 붙이고 다니는 광경을 목격한 것이다. 무사고 30년 경력 택시 운전사들도 사고가 날 만큼 고속도로나 밤길 운전은 매우 위험하다. 어디서 어떤 차가 들이받을지 모른다. 초보라면 저렴한 중고차로 먼저 운전기술을 익히는 게 좋다. 사고가 나도 큰 손해가 없는 차량 말이다. 예를 들면 모닝이나 스파크 같은 소형차가 좋다. 처음부터 좋은 차를 산다고 나쁜 건 아니지만 실력이 뒷받침되지 않으면 운전미숙으로 큰 손해를 볼 수 있기 때문이다. 초보운전은 고집대로 하다가는 분명 조만간 큰일이 날 가능성이 매우 크다.

주식도 마찬가지다. 처음에는 초보에 맞게 매달 생활비 해결에 목표를 두자. 그러다가 실력이 붙으면 투자금을 늘려도 늦지 않다. 앞으로 주식 시장은 10년이고 20년이고 열린다. 평생 주식으로 벌 돈을 하루 아침에 벌겠다는 생각은 버리자. 매달 생활비는 주식으로 해결한다는 각오로 하면 멋진 일들이 당신을 기다리고 있을 것이다.

나무에 열매가 열리려면 시간이 필요하다

평정심을 깨는 습관은 당장 쓸 돈으로 투자하는 것이다. 아무리 수익률이 높다 해도 당장 쓸 돈으로 주식에 투자하는 것은 매우 위험한 행동이다. 지금 당장 쓸 돈은 절대 주식 투자를 해서는 안 된다. '빨리 수익이 나야 할텐데.' 불안함에 잠을 못잘 수도 있다.

3년 정도는 안 쓸 돈, 은행에서 놀고 있는 돈, 한마디로 여유자금으로 주식을 해야 한다. 투자할 때는 고점에서 비싸게 사는 게 아니라 저점에서 싸게 사서 들고 있는 것이 좋다. 쉽게 말해 나무를 심는다고 생각하면 주식이 무척 재미있다. 그래야 평정심을 유지하기가 매우 쉽다. 심자마자 사과가 달리고 포도가 달리는 나무를 본 적이 있는가? 아니다. 최소 1년 이상은 바라보는 것이다. 그럼 마음이 편해지고 아무리 주가가 급등락해도 버틸 수 있다. 주식 시장은 상위 10%만 돈을 번다는 말이 있다. 90%는 돈을 잃는다는 말이다. 참 안타까운 일이 아닐 수 없다. 3년을 바라보고 버틸 수 있다면 매달 생활비 정도는 충분히 해결할 수 있게 될 것이다.

내가 3년 정도라고 생각하고 샀어도 1주일 만에 급등해서 큰 수익을 주는 경우도 많다. 주식은 일단 마음이 편해야 오랫동안 할 수 있고 작은 수익에도 감사할 수 있어야 행복하게 할 수 있다. 3년 정도 후에 꺼내쓴다는 생각이 중요하다. 그럼 매년 오르는 물가상승도 나의 자산에 지금 당장 수익이 안 난다고 안절부절못하는 일은 없어진다. 좋은 종목을 저렴하게 샀다면 큰 문제는 생기지 않는다. 예를 들어, 2명의 직장인이 있다고 가정해보자.

A직장인 : 매달 100만 원씩 적금을 넣는다.
B직장인 : 매달 100만 원씩 주식을 산다.

3년 후 A직장인 : 3,600만 원이 은행에 들어가 있다.
3년 후 B직장인 : 3,600만 원이 주식에 들어가 있다.

A직장인은 3년 후 개인 사정으로 직장을 못 다니게 되어 3,600만 원으로 생활비를 충당하고 있고, 모아놓은 돈은 점점 줄어든다. 또 3년 후 생활비로 모아놓은 돈을 모두 탕진하게 된다.

B직장인은 3년 후 개인 사정으로 직장을 못 다니게 되었다. 3,600만 원어치 주식은 많이 불어났고, 수익금으로 매달 생활비로 쓰지만, 잔금은 계속 불어나 몇 년 동안 생활비를 계속 준다.

여러분이라면 어떤 선택을 할 것인가?

5

전설적인 투자 전략가의
수익 극대화 전략

천재 투자 전략가 윌리엄 오닐(William O'Neil)

내가 추가매수를 배우게 된 것은 전설적인 천재 투자 전략가 윌리엄 오닐의 영향이 크다. 이분의 책에 보면 이런 구절이 나온다. 전설적인 투자가의 말을 들어보자.

"추가매수 방식을 사용하면 결국 자금을 소수 정예 종목에 집중할 수 있다. 사실 완벽한 시스템은 있을 수 없지만 이런 방식이야말로 무모한 분산 투자보다 훨씬 더 현실적이며 훌륭한 성과를 거둘 가능성도 높여준다."

-윌리엄 오닐,《최고의 주식 최적의 타이밍》

윌리엄 오닐은 하이든 스톤에서의 3년 동안 최고의 투자 수익률을 올린 뮤추얼 펀드의 비결을 연구한 끝에, 'CAN SLIM' 원칙을 찾아낸 전설적인 투자 전략가다. 그는 이 원칙을 직접 활용해 1년 만에 5천 달러의 투자원금을 20만 달러로 키워 서른 살의 나이에 뉴욕증권 거래소(NYSE)의 최연소 회원이 된 엄청난 인물이다. 그가 말하는 CAN SLIM은 요약하면 다음과 같다.

C=현재의 주당 분기 순이익 : 클수록, 빠르게 성장할수록 좋다.

A=연간 순이익 증가율 : 성장의 열쇠를 찾아라.

N=신제품, 신경영, 신고가 : 적절한 시점에 매수하라.

S=수요와 공급 : 결정적인 시점의 대규모 수요

L=주도주인가 소외주인가 : 당신의 주식은 어느 쪽인가?

I=기관 투자가의 뒷받침 : 리더의 움직임을 좇아라.

M=시장의 방향 : 어떻게 판단할 것인가?

반드시 기본적으로 1년 이상의 경험과 비법을 축적한 상태에서 추가매수를 시도하기를 권한다. 초보 투자자들은 아무 때나 추가매수를 하게 되면 큰 손실로 이어질 수 있음을 항상 생각해야 한다.

한 가지 팁을 드리면 추가매수 자금이 없을 때는 손해 보지 않는 선에서 다른 종목들의 비중을 좀 줄이는 방법도 추천한다. 1년에 한 번 정도 오는 기회는 투자를 하다 보면 보이는데, 그 때를 놓치는 것보다. 비중을 좀 더 실어주고 그 타이밍에 큰 수익을 올리는 방법도 무척 좋다고 본다. 대부분 항공사가 1년에 벌어들이는 수입의 80%가 성수기에 벌어들인다는 통계가 있다. 추가매수를 통한 투자도 그렇게 이해하면 될 것이다. 여러분도 이 책을 통해 1년 수익 중 가장 높은 수익을 달성하는 달이 생기길 바란다. 평소에 수익이 잘 안 난다고 하더라도 이런 타이밍을 잘 이용해 더 담아두면 짭짤한 고수익이 여러분의 멘탈을 더 강하게 만들어 줄 것이다.

아주 가끔 좋은 타이밍은 온다. 하락장이 길어지거나 많은 악재 속에서 지수가 폭락해도 살아날 구멍은 있다는 사실을 꼭 알아서 좋은 수익으로 한층 더 행복하게 살게 되시길 진심으로 바란다. 마지막으로 한마디만 더 하면 평소에 관심 종목을 잘 살펴보는 습관이 중요하다. 하루 30분 정도 관심 종목에 대한 공부를 하시길 권해드린다. 이런 타이밍은 소리 없이 왔다가 소리 없이 가기 때문이다. 좋은 타이밍은 뉴스나 신문에서 떠들 때 오는 게 아니다. 소리 없이 왔다가 소리 없이 간다. 이런 점을 유의해서 보면 좋을 것이다. 예를 들면 관심 종목 중에서 회사가 갑자기 흑자전환을 했다든지, 사상 최대 실적, 무상증자 등등의 경우다.

고수들은 이런 추가매수 방법을 통해 1년에 수억 원 이상의 수익을 올린다. 나도 이런 큰 수익이 발생이 될 때는 자금관리를 철저히 한다. 내가 앞에서도 말씀드렸다시피 투자의 목적은 나의 평생 월급 시스템을 위해서다. 만약 이때 1년치 월급이 한 번에 들어왔다면 반드시 일시불로 차를 산다든지 하는 우를 범하지 않는다. 반드시 수익이 없을 때 생활비로 비축해놔야 한다. 경제적 자유가 주식 투자의 목적임을 잊어서는 안 된다.

좋은 타이밍은 소리 없이 온다

나는 주식 투자를 하면서 기회가 왔다는 느낌이 들면 기존에 투자하던 종목에 더 담아가는 추가매수 전략을 사용할 때가 많다. 이 전략은 잘못하면 큰 손실을 볼 수 있으므로 1년에 1번이나 2번 정도만 실행한다. 100종목 투자 나무를 심어 평생 월급을 만드는 시스템은 기초로 하되 타이밍과 여러 가지 'CAN SLIM'에 적합한 때와 자금이 준비된 시기가 올 때가 있다. 예를 들어 급락장에 좋은 주식이 많이 저평가되어 있다든지, 아니면 회사에 특별한 문제가 없음에도 거래량 없이 하락하는 종류의 상황들이다.

대부분 이런 상황이 오면 일반 투자자들은 더 담을 생각을 하지 않고 빨리 손절매하고 다른 종목을 찾기 바쁘다. 매우 어리석은 방법이다. 이것은 바로 종목에 대한 믿음과 확신이 없기 때문이다. 전에도 말했듯이 공부와 투자는 실과 바늘이다. 반드시 공부가 된 상태에서 투자가 병행되어야 한다. 그래야 언제 사고, 언제 팔까에 대한 걱정이 사라진다. 이건 말로 설명할 수 있는 분야가 아니므로 하루에 30분이라도 업계 동향과 뉴스 등을 잘 살펴서 스스로 터득을 해야 한다. 자전거 타는 기법이 따로 있는 것이 아닌 것처럼 말이다. 자신이 직접 타보고 넘어져도 보면서 나중에는 힘차게 달려도 넘어지지 않는 기술을 터득하는 것과 같다. 주식도 오랜 매매 경험이 중요하다. 그래야 이런 기회를 놓치지 않고 잡을 수 있다. 가치 투자의 전설이라고 불리는 워런 버핏도 이런 말을 했다.

"기회가 왔을 때 힘차게 휘두를 줄 알아야 합니다."

여러분이 만약 초보 투자자라면 하루아침에 이런 기회를 보는 눈이 생기지는 않는다. 최소 1년 정도 소액으로 많은 경험을 해보기 바란다. 나처럼 처음부터 투자 금액을 크게 해서 망하지 않기를 간곡히 부탁드린다. 나는 약 10년 동안 여러 번의 큰 손실 경험이 있어서 이제는 그런 실수만 안 하면 성공이라는 기준이 생겼다. 그리고 이런저런 경험을 하다 보니 종목이 보이고 타이밍이 보이게 되었다. 이런 눈은 어느 날 갑자기, 시작한 지 며칠 만에 생기지는 않는다. 많은 시행착오가 결코 실패가 아닌 이유다. 여러분이 만약 지금 실패의 구렁텅이에 있다면 반드시 기억해야 할 것이 있다.

"실패는 타이밍을 보는 눈을 선물로 준다."

그래서 처음에는 그 눈을 기르기 위해 소액으로 하시기를 추천해 드린다. 나는 1년 평균 수익이 크지 않다. 하지만 이런 추가매수 타이밍을 잘 잡으면 1년 수익보다 더 큰 이익을 얻을 때도 있다. 중요한 건 이런 기회가 자주 오지 않는다는 것이다. 그래서 평소에는 작은 수익에 만족하는 것이 중요하다고 말씀드릴 수 있다. 매달 작은 수익도 쌓이면 무시할 수 없는 큰 수익이 되기 때문이다. 더 담아두는 투자로 큰 돈을 버는 경우는 매우 적다는 말을 하고 싶다.

여러분도 1년치 수익보다 추가매수로 버는 수익이 더 많을 때도 있으시길 바란다. 타이밍만 잘 맞추면 좋은 결과로 80% 확률로 좋은 결과가 이어진다. 2장에서 차트에 관한 설명을 해두었으니 참고하면 좋은 결과로 이어지리라 생각한다. 1년에 한 번 보너스를 받는 느낌이 어떤 느낌인지 꼭 느껴보시기를 바란다. 처음에는 힘들겠지만, 투자하다 보면 여러분도 자연히 이런 눈이 생길 것이다. 그럼 그때는 워런 버핏이 했던 말처럼 힘차게 한번 휘두르기를 바란다.

PART **5**

지금 당장, 평생 꺼내 쓰는
현금인출기를 만들자

1

일하지 못하는 날은
100% 온다는 사실을 기억하라

수입이 10원도 없는 그날은 누구에게나 온다

직장을 다니면서 버는 월급으로는 쓰는 데 한계가 있다. 특히 은퇴 후의 생활비는 10억 원이 넘는다. 100세까지 사는 세상이 되었는데 10억 원만 가지고 해결이 될까? 아마도 20~30억 원은 족히 있어야 편하게 여행 다니며, 약값도 해결하고, 행복하게 살 수 있을 것이다.

나는 '은퇴 후에 어떻게 생활비를 해결할까?' 고민하다가 이 책을 쓰게 되었다. 여러분들이 직장에서 열심히 일한다고 자녀 학비 및 결혼자금과 나의 노후자금 30억 원 이상을 월급으로 해결하기는 힘들 것이다. 그런 문제들은 평생 월급 시스템을 잘 이용한다면 쉽게 해결해 낼 수 있을 것이다. 이 책은 자녀를 키우는 주부님들과 은퇴를 앞둔 분들에게도 큰 도움이 되리라 생각이 든다. 사실 지금 직장인들은 월급만 가지고 생활하기가 매우 힘들다. 강남에 내 집을 마련한다는 것은 상상도 못 하는 세상에 살고 있다. 물가는 매년 오르고, 사야 할 물건들은 넘쳐난다.

수입이 없는 날은 누구에게나 온다. 이 평생 월급 시스템은 그런 분들을 위한 시스템이다. 앞으로 써야 할 돈은 많고 지금 소득은 적은 분들을 위해 만들어낸 나의 발명품이다. 그때를 대비해 고안해낸 나만의 시스템이 바로 평생 월급 시스템이다. 일하는 기간도 정해져 있다. 반드시 일을 못 하는 날은 찾아오게 되어 있다. 내가 일하지 않아도 자동으로 매달 일정한 금액을 월급으로 받는 시스템이 있다면 얼마나 행복한가? 이 시스템을 가지고 있으면 다음과 같은 일이 벌어진다.

1. 처음에는 공부해야겠지만 나중에는 생활비 걱정에서 해방된다.
2. 처음에는 적은 수입을 목표로 하는 게 성취감이 높아 좋다.
3. 점차 투자 금액을 늘려서 나중에는 일하지 않아도 되는 일이 생길 것이다.
4. 마지막으로 평생 월급이 들어오는 시스템으로 매달 행복하게 산다.

월급이 없는 날을 대비한 투자이기 때문에 나는 종목을 고를 때도 상장폐지가 우려될 만큼 실적이 안 좋은 종목은 피하는 편이다. 20년이나 30년 후에 멋진 차가 없어서 고생하는 일보다 식비나 생활비가 없어 고생할 확률이 더 높다. 나의 투자법은 아주 쉽고, 누구나 따라 할 수 있다. 심지어 시간이 없어 직장 다니는 분들도 따라 할 수 있다. 사업하시는 분들도 따라 할 수 있고, 전문지식이 없어도 가능하다. 나는 현재 매달 수입의 10~20%는 일정 부분 주식 계좌로 들어가게 한다. 앞으로는 지금보다 더 큰 자금으로 더 많은 생활비를 받는 상상을 한다. 그리고 더 따뜻한 세상을 위해 기부하는 계획도 매년 세우고 실천하고 있다. 수입이 0원인 날은 누구에게나 올 것이고 그것을 미리 준비하느냐 마느냐에 따라 상황은 많이 달라질 것이기 때문이다.

개인적으로 사업을 하긴 하지만 되도록 사업소득은 건드리지 않으려고 노력한다. 사업이라는 것이 항상 잘되는 것이 아니므로 예비자금으로 사용하려고 모아두고 있다. 주식 투자를 해보신 분들은 다들 아시겠지만, 상승장에서는 소득이 높고, 하락장에서는 소득이 매우 적다. 생활비도 거기에 맞춰서 쓰려고 노력하다 보니 식사도 나가서 먹기보다 집에서 먹는 날이 많아졌다. 좋은 재료로 요리를 해서 식사를 하니 식당에서 조미료 들어간 식사를 할 때보다 더 건강해지는 느낌이 들기도 한다. 암튼 비싸다고 좋은 건 아닌 것 같다. 한 끼를 먹더라도 정성과 좋은 음식 재료라면 아주 좋은 반찬이 되는 것 같다. 다시 말하지만, 수익이 많이 날 때는 수익이 적을 때를 위해 비축해놓는 지혜가 필요하다. 그렇게 하면 평생 월급을 받는 데 전혀 걱정이 없다.

처음에는 매년 여행자금을 투자 수입으로 해결하라

100종목 매수법은 큰 수익을 내서 집을 사고 자동차를 사는 매매법이 아니다. 소소하더라도 매달 들어가는 생활비를 해결하는 데 있다. 1달에 한 번 정도 자녀들과 2박 3일 여행 갈 정도의 자금을 마련하는 정도로 시작하면 좋겠다. 그러다가 나중에 선수급 실력이 된다면 월

1,000만 원 정도의 생활비가 나오지 말라는 법은 없다. 내가 강조하고 싶은 것은 처음에는 생활비로 만족하는 습관이 중요하다. 시작하는 단계에서 "한 달에 1,000만 원 생활비를 벌어야지"라는 마음으로 덤볐다가는 계좌가 깡통이 되기 쉽다. 욕심을 부리면 큰코다칠 수 있는 곳이 주식 시장이다. 10년 고수들도 한 종목에 신용대출을 크게 받아서 몰빵을 하다가 몇 년치 번 돈을 한순간에 날리는 경우도 많이 보았다. 나 또한 단기 투자의 유혹에 빠져 큰돈을 날린 경험도 많다. 주식 시장에서 어떤 종목이 언제 사야 얼마만큼의 수익이 난다는 것은 다 가짜다. 만약에 100% 확실하다면 내 집을 팔아서 다 투자할 용의가 있다. 하지만 주식 시장은 2020년 코로나 사태처럼 언제 어떻게 될지 아무도 모른다. 한 가지 중요한 사실은 계속 내려가는 법도 없고, 계속 올라가는 법도 없다는 것이다. 내가 산 주식이 많이 올랐다고 너무 기뻐하지 말고, 너무 내려갔다고 슬퍼하지 않아도 된다. 유럽의 워런 버핏이라고 불리는 앙드레 코스톨라니도 이렇게 말했다.

"주인이 가면 강아지가 앞서거니 뒤서거니 하더라도 신경 쓰지 마라."

결국, 주인 근처로 돌아오게 된다는 말이다. 주식 시장은 앞서거니 뒤서거니 해도 결국 제자리로 돌아온다. 이런 원리를 잘 활용하면 큰 손실 없이 매달 생활비 해결이 가능하다. 100그루 심기는 매달 생활비를 해결해준다.

나도 처음에는 이것저것 많은 투자를 해보았다. 단기 투자, 테마주 투자, 장기 투자, 스윙 투자 등등. 하지만 큰 수익을 가져다주지는 못했다. 그러니 여러분도 나만의 방식으로 투자를 해보자. 어떤 전문가, 어떤 책에서도 말하지 않는 나만의 시스템을 개발해서 100그루 심기를 시도해보면 답이 나올 것이다.

2

감정조절을 잘하면
돈벼락이 쏟아진다

주식 투자는 결혼생활과 같다

좋은 주식을 오래 들고 가는 것은 결혼생활과 같다. 모든 사람이 사랑하는 사람과 결혼했다고 다 잘사는 게 아니다. 살다 보면 아무리 좋은 사람과도 의견이 안 맞는 경우가 많다. 그러다 보면 말로 치고받고 싸우는 과정이 빠질 수 없다. 심하면 폭력을 행사하는 때도 종종 있다. 요즘 뉴스에도 나오는 단골 소재가 데이트폭력인 것을 보면 알 수 있다. 어떤 부부들은 결혼식은 아주 행복하게 잘 치르고 정작 신혼여행을 가서 이혼하는 경우도 있다. 왜 그럴까? 사람은 감정의 동물이기 때문이다. 좋은 감정이 있었던 사람과도 자신과 맞지 않는 경우가 생긴다. 밥을 먹을 때, 옷을 고를 때, 가구를 고를 때 등등 말이다. 이러한 사소한 다툼에서 나쁜 감정이 점점 쌓이게 되고, 결국 돌아올 수 없는 강을 건너게 된다. 감정조절을 잘하는 부부들이 오랫동안 행복하게 자녀들을 잘 키우는 것을 많이 본다. 서로 손잡고 곱게 늙으신 노인 부부가 백화점이나 프리미엄아웃렛 같은 곳에서 다정하게 걸어가는 모습은 보는 내내 감동이 밀려오기도 한다.

주식도 마찬가지다. 아무리 좋은 주식도 흔들거리면서 간다. 이 과정을 잘 이해하면 오마하의 현인 워런 버핏이 되는 것이다. 흔들리지 않는 편안함을 강조하는 침대광고 같은 주식은 없다. 어떤 분들은 이런 주식만 찾아다닌다.

"계속 올라가는 주식은 없을까?"

"떨어지지 않고 급등하는 주식은 없을까?"

"3 연상 가는 주식은 없을까?"

이런 분들께 말씀드리고 싶은 것이 있다.

"그런 주식은 없습니다."

흔들리는 시장을 파도타기처럼 즐겨라

만약, 이 책의 독자분 중 계속 올라가기만 하는 주식을 찾는 분은 주식 투자를 하면 안 된다. 손실이 났을 때 감정조절이 되지 않기 때문이다. 조금 수익을 보려다가 큰코다치는 수가 있다. 초보자들은 반드시 소액으로 즐기는 매매를 해야 한다. 투자금에 1% 정도만 사보는 것이다. 그럼 수익이 나고 재미있어진다. 투자한 기업에 큰 문제가 없이도 시장 상황에 따라서 손실이 나는 경우가 있다. 미국 다우지수, 환율, 국채금리, 유가, 선물지수, 외국인들의 투매 현상 등등. 이럴 때는 너무 걱정하지 말기를 바란다. 나는 이런 경우 다시 원점으로 돌아오는 경우를 수백 번 넘게 봤다. 원래 주식은 바람에 흔들리는 꽃들처럼 왔다 갔다하는 것이기 때문이다.

다음 '신풍제약'의 차트를 보자. 바닥에서 흔들거리다가 올라가는 것이 보이는가? 만약, 내가 산 주식이 저렇게 흔들거리면 버틸 수 있는가? 아니면 손해 보고 다 팔아버릴 것인가? 선택은 여러분의 몫이다. 여기서 바로 초보와 아마추어가 결정된다.

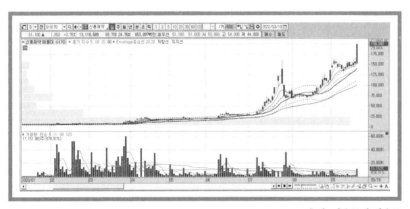

출처: 키움증권 영웅문

초보와 아마추어의 차이는 중간에 저렇게 흔들거리는 시장을 파도타기처럼 즐길 수 있느냐 없느냐에 달려 있다. 매매를 하다 보면 저런 일이 아주 자주 발생하는데, 선수들은 그럴 때마다 음악도 듣고 영화도 보고 운동도 하면서 즐기는 여유를 가지고 있다. 이런 사람들이 진짜 고수들이다. 하지만 초보들은 안절부절못하고 걱정과 근심에 쌓여 하루하루 폐인처럼 보낸다. 그리고 전문가들의 방송을 보면서 "제 주식 좀 봐주실 수 있나요?" 하며 상담 신청을 한다.

애초에 자신이 없는 주식은 접근하거나 매매하면 안 된다. 내가 처음부터 잘못 산 주식 같은 경우는 전문가에게 물어봐도 정확한 진단을 하기가 어려운 경우가 많다. 처음부터 단추가 잘못 끼워졌다는 것은 다시 풀어야 하는 경우가 많기 때문이다. 그래서 손절매를 하게 되고 스트레스를 받게 된다.

다음의 차트를 보자. '삼부토건'의 주식이다. 여러분이 만약 저 고점에서 사서 계속 장기 투자를 하겠다고 생각하면 정상적인 생활이 가능할까? 한번 곰곰이 생각해보자. 그리고 절대로 다시는 고점에서 사는 잘못을 하지 않겠다고 스스로 결심하자.

출처: 키움증권 영웅문

여러분들이 주식을 하면서 고점에서 사지 않는 실력을 잘 키우고 감정조절을 잘한다면 이처럼 돈을 많이 버는 직업이 없다는 것을 알게 된다. 나중에는 경험이 쌓이면 투자금 5,000만 원으로 몇 달 만에

1억 원으로 만드는 신기한 경험도 하게 될 것이다. 그러기 전에 먼저 소액으로 매매 경험을 많이 가지시기를 추천해드린다. 그리고 혹여나 중간에 파도가 몰려와도 흔들리지 않는 그런 프로가 되시기를 소망한다.

트렌드에 맞는 투자는
수익을 보장한다

트렌드를 무시하면 망할 확률이 높다

《실전 투자의 정석》을 집필한 슈퍼개미 남석관 님이 책에서 미래를 이끌어갈 4개 트렌드에 관해 언급한 부분이 있었다. 내용이 매우 좋아 잠깐 공유해보고 싶다.

1. 신재생에너지산업(태양광, 풍력 등)
2. 로봇산업(가정용 로봇, 공장 로봇, 극한환경 로봇 등)
3. 공유경제분야산업(에어비앤비, 리스나 대여 형태의 자동차 등)
4. 헬스케어산업(신약개발, 난치병 치료, 미용, 성형 등)

주식 투자는 미래의 가치를 보고 현재 가장 성장성이 좋은 기업에 투자하는 것이다. 주식 투자로 어마어마한 돈을 버는 전설적인 투자자들은 모두 미래를 내다보는 투자를 했던 사람들이다. 대표적으로 워런 버핏, 찰리 멍거 같은 사람들이다. 주식 투자로 성공한다는 말은 기업과 함께 성공한다는 말과 같다. 서로 도움이 되는 관계, 서로 성공하는 관계가 되는 것이다. 기업의 미래는 트렌드에 맞춰가는 기업이냐 아니냐로 나뉜다고 생각한다.

그런 의미에서 트렌드를 무시하는 투자는 망할 확률이 높다. 가치 투자를 한다고 해도 손실이 날 확률이 매우 높다. 그 이유는 앞으로의 사회는 이제껏 한 번도 경험해보지 못한 일들이 일어나기 때문이다.

예전에 삐삐를 가지고 가까운 공중전화로 가서 전화하던 시대에 살던 사람들은 모두 휴대전화가 나오고 큰 충격에 빠졌다. 한 번도 경험해보지 못한 휴대전화의 등장으로 휴대전화 관련주들은 완전히 미친 듯이 폭등했다. 그리고 우리의 생활 전반에 걸쳐 많은 변화를 불러일으켰다. 핵심은 이것이다. 미래에 우리들의 생활 전반에 걸쳐 핵폭탄급 충격을 줄 만한 분야에 투자를 해야 한다. 그것이 신재생분야든, 로봇이든, 공유경제든, 헬스케어든 말이다. 그 영역을 공부하고 준비하는 사람은 역대 최고 큰 수익이 날 수 있다. 이러한 변화에 뒤처지는 기업을 온종일 분석하고 앉아서 '내 종목은 왜 안 올라갈까?' 하면 안되는 것이다. 우리는 기업과 함께 성장해야 한다. 성장하는 산업, 성장하는 분야를 공부하고 투자하자.

과거 휴대전화의 등장은 앞으로 올 미래산업에 비하면 시작에 불과하다. 우리와 우리 자녀들이 맞이할 시대를 내 나름의 예상대로 정리해보고자 한다. 아마 이렇게 전개될 듯하다.

앞으로는 사람이 운전하지 않는 시대가 올 것이다. 전면적인 자율주행 자동차 시대가 온다. 먼 거리를 운전해도 전혀 피곤하지 않아진다. 교통사고율도 현저히 낮아진다. 가정에서는 가정용 로봇이 개인비서 역할을 할 것이다. 리모컨 역할, 청소 등의 일을 로봇이 전부 대체할 것으로 생각된다.

또한 앞으로는 난치병이 정복되고, 평균수명이 상상을 초월할 정도로 길어진다. 오래 살게 되고, 그에 따른 사회적 부담도 늘어나게 될 것이다. 앞으로는 개인소유가 아닌 공유경제의 활성화로 자동차도 빌려 타고, 집도 빌려 살며, 비싼 물건을 공유하는 플랫폼이 등장할 것이다. 앞으로는 기상이변, 환경오염을 일으키는 주범인 탄소배출 제품은 사라지고, 친환경 제품들로 에너지를 확보하게 된다. 그리고 더 행복한 지구가 탄생하게 될 것이다.

우주를 관광하는 시대도 온다. 휴가를 달로 가는 날이 곧 올 것이고, 임종을 화성에서 맞이하는 날도 올 것이다. 천지개벽할 세상이 온다. 이러한 세상의 트렌드에 맞춰 현재 기업들을 분석해야 한다. 그럼 실패하지 않는 투자를 하게 될 것으로 생각된다.

트렌드에 맞는 투자는 마음이 편하다

단기 투자를 해보신 분들은 아실 것이다. 수익이 날 때는 적게 나고, 내가 팔면 주식이 미친 듯이 올라가고, 손실이 날 때는 크게 난다. 이것이 단기 투자의 가장 큰 리스크다. 바로바로 수익을 낼 수 있는 0.0001%의 천재를 제외하고 나머지 투자자들은 모두 큰손들의 장난에 투자금을 몽땅 날리게 되어 있다.

　장기 투자는 좋은 것이다. 워런 버핏처럼 수백 배의 수익을 내는 대부분 사람은 장기 투자를 하기 때문이다. 공부도 많이 하고, 투자금도 계속 늘려나가면 최고의 투자 방법이 될 수 있다. 하지만 장기 투자의 위험은 너무 지루하다는 것이다. 수익이 나도 당장에 손에 들어오는 돈이 없다. 내가 투자한 회사가 실적도 좋고 업황도 끝내준다. 10년 이상 들고 가면 대박 수익이 날 것 같다. 이런 사실을 그대로 적용해서 끝까지 버티고 수익을 내는 사람들은 거의 없다. 대부분 중간에 악재나 큰 전쟁이 발발한다는 뉴스를 보면 다 팔아버리고 겨우 본전 찾기에 급급할 것이다. 전설적인 투자자는 아무나 될 수 없다. 오랜 경험과 투자 비결이 있어야 가능한 것이다. 그런 점에서 내가 말하는 평생 월급 투자법은 단기, 장기 투자가 가지는 단점을 줄일 수 있다.

1. 오늘 내일의 수익률에 큰 스트레스를 받지 않는다.
2. 장기 투자처럼 지루하지 않다.
3. 투자금은 월급의 일정 부분(10~20%)을 계속 늘려나간다.
3. 100종목이 될 때까지 쉬지 않고 공부와 투자를 병행한다.
4. 매달 생활비를 꺼내 쓰는 기쁨을 누린다. 평생!

　이 투자법은 여러분들의 주식 인생에서 엄청난 즐거움을 선사할 것이다. 이 방법을 깨닫게 되면 단기 투자의 위험성을 줄일 수 있고, 장기 투자의 지루함을 이겨낼 수 있다. 직장을 다니면서도 충분히 할 수 있다. 직장인들이 매달 받는 월급 말고 매달 말일에 한 번 더 월급을 받는 기적과 같은 일이 일어날 것이다.

기업도 잘되고 나도 잘되는 투자를 해라

카지노에서 도박하면 가끔은 수익이 날 수 있다. 이것은 투자가 아니라 도박이다. 현재 트렌드에 맞는 좋은 종목의 가치에 투자해야 한다. 앞으로 수익이 예상되는 최고의 기업을 찾아라. 그럼 성공한다. 실제가 없는 묻지마 투자를 하는 것은 투자가 아니라 투기다. 비트코인은 주식처럼 기업이 있는 것도 아니고 매출이 나는 것도 아니다. 실체가 없다. 유럽에서 한때 유행했던 튤립 사건을 모두 기억할 것이다. 이처럼 실체가 없는 카지노에서 그저 확률만 가지고 돈을 투자하는 것은 투자가 아니다. 매우 위험한 도박이다.

투자라는 것은 실체가 있는 기업, 성장성이 높은 기업을 골라서 그 기업의 미래를 함께하는 것이다. 때가 되어 그 기업의 가치가 인정을 받기 시작하면 수익이 나는 원리다. 기업은 성장해서 돈을 많이 벌어서 좋고, 투자자도 수익이 나서 좋은 상호이익의 관계가 되는 것이다. 기업만 잘되고 나는 망하는 구조가 아니다. 기업과 내가 함께 승리자가 되고 우리나라도 더불어 잘살게 되는 구조가 답이다.

4

100종목 투자 시
주의사항 17가지

처음에는 트렌드에 맞는 10그루 투자 나무를 목표로 하라

주식을 처음 하는 분들은 100그루 투자를 할 때 조심해야 할 부분이 있다. 주의사항으로 몇 가지만 말씀드린다. 초보자분들은 트렌드에 맞는 10그루(종목)만 심어서 적응이 완벽하게 될 때까지 사고팔고를 반복해보는 게 좋다. 처음부터 많이 해도 제때 팔지 못해 낭패를 볼 수 있기 때문이다. 그리고 중급자들은 50그루 정도 사서 수익을 내는 연습을 한다. 프로급 선수인 상급자들은 100그루를 심는 것을 추천해드린다. 예를 들어 100그루의 투자 나무에서 1달에 1만 원씩만 수익이 난다고 가정하면, 매달 생활비로 쓸 수 있는 수익금은 얼마가 될까? 바로, 100만 원이 된다(거래세 제외).

2

만 원씩만 수익이 나도 매달 200만 원의 수익금이 창출된다.

3만 원이면 매달 300만 원이라는 계산이 나온다.

4만 원이면 매달 400만 원이 되고,

5만 원이면 매달 500만 원이 된다.

10만 원이면 매달 1,000만 원이 된다.

주식 투자를 해보신 분들은 알겠지만 가는 종목은 아주 세게 가고, 못 가는 종목은 아주 천천히 간다. 이것은 시장 상황에 따라서 좌우되기 때문에 아무도 모른다. 갑자기 호재가 떠서 상한가를 치며 30% 급등할 수도 있는 것이고, 갑자기 악재 뉴스가 떠서 곤두박질칠지도 모르는 일이다. 이런 것을 방지하기 위한 노력은 계속되어야 한다. 그런 종목을 애초부터 걸러내는 작업이다. 이건 고수들도 힘들어하는 일이다. 특히 초보분들은 실적이 나쁘거나 뉴스가 나쁜데 성장성이 높은 기업은 안 하는 게 좋다. 선수들의 영역이기 때문에 그렇다.

주봉차트를 보고 소액으로 사고파는 연습을 해라

나는 차트와 재무분석을 통해 주식을 매입하는 타이밍을 잡는다. 차트를 볼 때는 일봉차트는 잘 보지 않는다. 너무 어지럽기 때문이다. 일봉 도표는 종목을 이해하는 데 많은 걸림돌이 있다고 생각한다. 주봉을 이용해 바닥에서 돌파 시점에 적극적으로 매수하는 것을 추천해드린다(뒤에서 그림과 함께 자세히 설명). 당연히 실적이 좋은 종목이면 더 좋다. 실적이 나쁘더라도 성장성이 크면 매수하는 편이다.

매수 위치는 차트상 바닥이 다져져 있는지를 꼭 확인하라. 그리고 저점매수를 해야 가장 안전하고, 수익이 확실하다. 바닥에서 사야 마음 편하게 수익을 기다릴 수 있다. 고점에서 아무리 좋은 종목도 시장이 급변해서 바닥으로 내리꽂아버리면 회복하기가 매우 어렵다. 주식은 매수가 가장 중요하다고 생각한다. 오랜 시간을 공들여야 정확한 매수 적기를 잡을 수 있는 것 같다.

나는 매도 적기를 따로 정해두지 않는다. "몇 퍼센트가 되면 파세요" 하는 스타일이 아니다. 추세가 살아 있으면 계속 들고 가는 것이고, 추세를 이탈하면 죽은 것이므로 가차 없이 팔아버린다. 주식을 오래하다 보면 '아, 이쯤에서 팔아야겠다' 하는 느낌이 온다. 계속 들고 가면 더 큰 손해가 오는 지점이 있다. 그때 파는 것이다. 죽은 주식을 계속 들고 가는 것은 매우 위험하다. 자살행위와 같다. 적당히 먹고 나와야 할 때가 있고, 계속 가는 것을 끊어야 하는 때가 있다. 이래서 주식이 어렵다고 하는 것 같다. 한 가지 분명한 사실은 세상 어느 사람도 정확한 고점을 맞추기는 힘들다는 것이다. "무릎에서 사서 어깨에 팔아라"라는 말도 있지 않은가?

100종목을 고르는 기준

❶ 업계 최고의 기술력을 가지고 있는 회사(예- 국내 1위 기술력을 가진 회사)

❷ 곧 다가올 최대 이슈를 가지고 있는 회사(예- 애플 전기차 출시, 대통령 선거, 곡물 가격 상승, 유가 상승, 반도체 가격 상승, 해운 운임 상승, 위드코로나 등)

❸ 사상 최대 실적을 발표하는 회사(예- 작년과 비교하면 50~100% 매출 실적 상승)

❹ 회사의 문제는 없는데 저평가된 회사(예- 영업이익 대비 시가총액이 작은 회사)

위에 열거한 종목들의 리스트를 만들어 며칠 동안 지켜본다. 그리고 주가가 내려올 때를 기다린다. 그리고 바닥에서 분할매수한다. 이러한 회사들을 공부해서 노트에 적든지, 파일로 정리해둔다. 그리고 관심 종목에 나열해두면 적당한 시기가 왔을 때 매수할 수 있게 된다. 이때 지켜야 할 중요한 점은 비중을 잘 지켜서 매수하는 것이다.

분할매수는 어떻게 하는 것인가?

종목을 골랐다면 이제 매수하는 비법을 배워야 한다. 예를 들어 한 종목에 100만 원을 사야 한다고 가정하자. 그럼 한꺼번에 100만 원을 사는 것이 아니라. 5번에 걸쳐 분할로 사는 것이다. 예를 들어 1만 원인 주식이 있다고 치자. 그럼 이 주식을 매일 같은 시간대에 5번 사는 것이다. 올라가도 사고 내려가도 사는 것이다. 그럼 어떤 일이 일어날까? 올라가도 수익이고 내려가도 덜 떨어지게 된다. 위험관리를 위해 분할매수는 필수다. 바닥이라고 한방에 사면 큰일 날 수 있다. 어디로 튈지 모르는 럭비공 같은 게 주식이다. 그래서 한꺼번에 큰돈을 넣으면 안 된다. 좀 욕심이 나서 크게 사버리면 돌아오는 건 후회밖에 없을 것이다.

내가 100종목을 추천하는 이유

이 시스템 매매법의 장점 중 한 가지는 100종목으로 해서 하락장에서도 크게 빠지지 않고 일부 종목이 크게 손실이 나도 전체 계좌에 미치는 영향은 극히 적다는 사실이다. 주식을 해보신 분들은 아실 것이다. 몇 종목에 크게 들어갔다가 하락장을 맞이하고 손절매가 나고 매달 생활비는 해결하지도 못한 채 장렬히 전사하게 되는 일 말이다. 손절매하지 않기 때문에 장기적으로 접근하면서 스트레스는 줄어들고 수익이 난 종목들만 매달 보이니 평생 월급 받는 시스템에 완전히 매료될 수밖에 없다. 많이 빠지는 종목이라고 해도 바닥에서 사기 때문에 다시 올라올 확률이 높다. 크게 신경 쓰지 않아도 된다는 말이다.

종목당 얼마가 들어가야 하는지 잘 모르시는 분들을 위해 예시 표를 드리겠다. 다시 한번 말씀드리지만, 꼭 100종목을 다 해야 하는 것은 아니다. 본인의 스타일에 맞게 50종목만 해도 되고, 30종목만 해도 무방하다. 하지만 나는 수익률이 아닌 안전한 게 최고라는 생각이다. 그래서 100종목을 하라고 권해드리는 것이다.

<100종목의 경우>

투자금 500만 원=1종목당 5만 원×100종목

투자금 1,000만 원=1종목당 10만 원×100종목

투자금 1억 원=1종목당 100만 원×100종목

투자금 5억 원=1종목당 500만 원×100종목

<50종목의 경우>

투자금 500만 원=1종목당 10만 원×50종목

투자금 1,000만 원=1종목당 20만 원×50종목

투자금 1억 원=1종목당 200만 원×50종목

투자금 5억 원=1종목당 1,000만 원×50종목

자기 스타일에 맞게 잘 조절해서 하시면 될 것이다. 내가 100종목으로 하라고 했다고 100종목을 꼭 할 필요는 없다. 50종목이 맞는다고 판단되면 그렇게 하면 된다. 확률적으로 종목이 많을수록 하락장이나 급락장을 만나도 크게 떨어지지 않는다는 것만 기억하면 된다. 유동적으로 자신의 스타일에 맞게 조절해서 사용하시면 될 것이다.

또한 나는 기본적으로 100종목에 물타기를 하지 않는다. 물타기란 수익률이 떨어졌을 때 추가로 매수하는 방법이다. 어디까지 떨어질지는 하느님만 아는 일이기에 절대 초보분들은 물타기를 해서 더 큰 손실을 보지 않도록 유의해주시기 바란다.

매달 수익 나는 포트폴리오는 이렇게 짜라

포트폴리오를 구축할 때는 주의해야 할 점이 있다. 한 섹터의 종목을 많이 담지 말라는 것이다. 예를 들어 100종목을 한다고 치면 1개의 섹터 당 10개가 넘으면 위험하다. 앞으로 일어날 일은 아무도 모르기 때문이다. 자동차부품이 갑자기 불황이 될지, 전기차가 갑자기 큰 악재를 만날지, 러시아가 전쟁해서 곡물 가격이 폭등할지는 전설적인 투자자들도 모르는 일이다. 확률이 높다는 것이지 100%를 찾는다면 주식을 하면 안 된다. 마음의 상처를 입고 병원에 실려 갈 수도 있기 때문이다.

매달 매수, 매도는 과감하게 하라

수익을 많이 내고도 팔지 못해 수익이 마이너스가 되는 일이 많다. 욕심이 너무 많아서 그렇다. 30% 수익에 만족하고 나와야 하는 상황에서도 50% 수익을 바라고 망하는 경우를 많이 보았다. 나 또한 그런 경험이 있었다. 매도하려고 아침에 컴퓨터를 켰더니 40%가 되어 있었다. 매도하려고 준비를 마쳤지만, 더 올라갈 줄 알고 조금 더 지켜보기로 했다. 그리고 바로 대폭락을 하게 되었고 그다음 날, 그다음 날까지 계속 떨어져서 결국 수익은 마이너스로 나오게 되는 큰 고통을 당하게 되었다. 그 종목이 바로 인터파크다. 여러분들은 제발 수익권에서 욕심을 부리지 않았으면 좋겠다. 주식에서 수익은 과감하게 실행하지 않으면 나처럼 마이너스 수십%의 결과로 돌아온다. 그때의 충격은 지금도 잊히지 않는다. 부정적인 감정과 생각은 오래가는 것 같다.

주식 창은 하루에 10분만 보라

나는 주식 창을 하루에 10분 정도만 본다. 이 말을 하고 싶었던 것이 책을 쓰는 동기의 50%다. 그 정도로 중요한 내용이다. 내가 온종일 들여다본다고 그 주식이 올라가는 게 아니다. "지성이면 감천이다"라는 말은 주식 시장에서 전혀 통하지 않는다.

나는 가지고 있는 100개의 종목 중에서 20일 선을 이탈한 것들이 있나만 점검한다. 20일 선을 이탈하면 60일 선 부근까지 떨어질 가능성이 매우 크기 때문이다. 그런 위험을 감수하고 기다리는 분들도 계시는데 주식에 정답은 없다. 그러다 다시 올라오는 경우도 많다. 하지만 주식을 처음 하시는 분들은 굳이 그런 스트레스를 받지 않아도 된다. 적당히 먹고 적당히 나오는 전략을 구사하시는 게 정신건강에 아주 큰 도움이 된다. 단돈 1만 원의 수익만 났다고 하더라도 수익을 냈다는 사실이 중요하다.

종목 체크는 10분 정도면 가능하다. 업무시간에는 주식 창을 안 보려고 노력을 많이 하는 편이다. 저녁에 퇴근하고 주로 그날의 시장을 점검하는 편이다. 업무시간에는 거의 쳐다도 보지 않으려고 노력하지만, 긴급뉴스가 나오면 시장을 틈틈이 체크하기도 한다. 주로 퇴근 후 10분 정도 그날의 특징주들이나 이슈들을 조사하고, 다음 날 매수할 종목이 보이면 바로 관심 종목으로 골라놓는다.

무조건 오래 투자해야 하는 것은 아니다

오랫동안 투자하라고 해서 10년, 20년 들고 가야 하는 것은 아니다. 자기만의 원칙을 만들어서 그에 부합하지 않으면 바로 팔아서 수익을 챙겨야 한다. 원칙은 다양하다. 5일 선 이탈 시 매도, 10일 선 이탈 시 매도, 20일 선 이탈 시 매도 등등 다양한 방법이 있다. 나의 경우는 20일 선 이탈 시 거의 매도하는 편이다. 차트는 일봉을 볼 때도 있고 주봉을 볼 때도 있다. 이것은 전적으로 나의 생각일 뿐 여러분들도 스스로 다양한 방법으로 해보시기를 추천해드린다.

종목을 사는 시간, 파는 시간

• 종목 사는 시간, 점심시간이나 오후 3시에 하라

평생 월급 프로젝트를 실행하는 데 있어 매수시간은 매우 중요하다. 나는 전날 골라놓은 종목들을 매수할 때는 점심시간이나 오후 3시경에 하는 편이다. 가장 좋은 시간대는 오후 3시다. 이때가 좋은 종목들을 싸게 살 수 있는 시간대이기 때문이다. 오전에 상한가를 갔다가 오후에 급락하는 때도 많으므로 매수는 오후에 하는 것이 가장 안전하다. 이것도 많은 경험을 통해 습득해낸 비결이다.

• 종목 파는 시간, 수익실현은 아침 9시에 하라

매도할 종목이 있으면 주로 아침에 수익실현을 하는 편이다. 아침시간이 돈이 많이 몰리는 시간이기 때문에 1%라도 더 건질 수 있다.

평생 월급 프로젝트를 시작했으면 수익금을 매일, 매주, 매달 쌓아가는 게 중요하다. 아침 시간에 주로 많이 급등하므로 10만 원 수익금이 갑자기 15만 원이 되는 경우가 자주 발생한다.

대출받아서 주식을 하면 망한다

대출은 좋은 대출과 나쁜 대출이 있다. 신용거래와 미수거래로 돈을 벌었다고 하는 사람은 내 평생 본 적이 없다. 상위 0.0001%의 사람들만 신용과 미수를 써서 돈을 버는 것이다. 그 사람들은 수십 년의 기술과 데이터가 몸에 밴 사람들이다. 일반인이 따라 했다가는 바로 지옥을 경험하게 된다. 특히 초보 투자자분들은 대출과 신용으로 주식 투자를 하지 말자. 대출은 내 돈이 아니라 빌린 돈이다. 빌린 돈은 이자를 내야 하고 갚아야 한다. 이런 부담감이 생기면 투자한 주식을 오래 들고 갈 수가 없다.

초보가 주식으로 망하는 지름길은 대출받아서 투자하는 것이라고 할 수 있다. 주식으로 수익이 나려면 시간이라는 것이 필요한데 빌린 돈은 시간이 갈수록 이자가 불어나서 감당이 안 되는 수준으로까지 일이 커진다. 수익은커녕 신용불량자가 되어 압류통지를 받는 날이 올 가능성이 매우 크다. 초보 투자자들은 절대적으로 대출받아 주식을 사면 안 된다. 매달 월급의 일정 부분을 따로 떼어내어 투자하는 게 가장 좋은 투자 방법이라고 할 수 있다.

대출은 반드시 배우는 곳에만 써야 한다. 뭔가를 배운다든지, 책을

산다든지, 공부한다든지 하는 나를 성장시키는 곳에 써야 한다. 그럼
몇 배로 불어나는 특성이 있어서 절대 후회하지 않는다. 주식 투자는
여유자금으로 해야 한다.

매수 전에 반드시 바닥이 탄탄한지 확인한다

주식 투자를 할 때 가장 중요한 것은 바닥을 확인하는 것이다. 바닥
이 평평하고 그 이하로 내려가지 않으면서 밑에서 받쳐주는 사람들이
있는지가 중요하다. 그렇지 않으면 주가는 계속 내리막길로 가기 때
문이다. 바닥을 확인하는 방법은 다음 '카카오주식' 차트를 보면 알 수

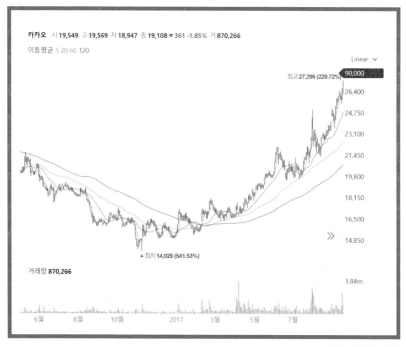

출처: 네이버 증권

있다. 2만 원에서 1만 4,000원까지 내려가다가 1만 4,800원에서 지지해주는 모습을 볼 수 있다. 그 후 주가는 턴어라운드 하면서 계속 올라가는 모습을 볼 수 있다. 바닥을 확인하는 습관을 들이면 크게 손해를 보지 않으면서 매달 생활비를 벌 수 있게 해준다.

10년 후 오를 종목은 필요 없다

앞으로 10년 후에 오를 종목은 피하라. 내가 사는 종목들은 주로 앞으로 크게 오를 종목보다는 현재 주목을 받는 종목들 위주다. 현재 사람들이 쌀 때 사고 싶어 하는 종목을 고르면 절대 실패하지 않는다. "아, 저거 사고 싶은데 너무 올라가 버렸네. 기다리자"라고 하는 종목을 고르면 절대 실패하지 않는다. 남들이 사주려고 줄을 서 있는 종목은 하락장에서 물려도 금방 회복하게 되어 있다. 설사 물려도 잠깐의 타격일 뿐 아래서 다 받아주기 때문에 다시 올라오기 마련이다. 반드시 이 점을 명심하면 좋은 결과가 있을 것이다.

100% 성공확률의 주식은 없다

100%가 없으므로 분산해서 저점에서 매수하는 것이다. 1~2종목에 몰빵하지 않고 100개로 나누는 것이다. 최악의 경우 100개 중의 10개가 큰 악재로 부도가 났다고 하자. 그래도 수익이 나는 이유는 나머지 90개의 종목에서 수익이 나기 때문이다. 어떤 전설적인 투자자는 이런 말을 했던 기억이 난다.

"나는 영원한 주식낙관론자입니다. 전쟁이 나도, 대통령이 암살을 당해도, 시장이 전염병으로 폭락을 해도 말입니다."

적게 먹고 나오겠다는 생각을 하면 안 된다

주식 투자를 할 때 우리가 간과하는 것이 있다. 바로 매매수수료이다. 이것은 수익을 보았는지 관계없이 무조건 내야 하는 세금이다. 이 세금은 적게 보일지도 모르지만, 횟수가 많아질수록 그 세금도 올라간다. 그래서 반드시 2~3%만 먹고 나온다는 생각은 버려야 한다. 되도록 추세를 다 챙기고 나온다는 생각을 가지면 큰 수익을 내는 데 도움이 될 것이다.

수익금 출금은 한 달에 1번만 하라

주식은 출금하기 전에는 내 돈이 아니라는 말이 있다. 수익금은 나의 생활비로 써야 한다. 마트에 가서 수익금으로 달걀을 사고, 빵을 사고, 커피를 사고, 삼겹살을 사서 하루하루가 행복해지는 기쁨을 느껴야 한다. 그래야 평생 월급 통장을 키우고, 불리고 싶은 생각이 든다. 매달 월급의 10~20%를 더 넣어 전체 투자 금액을 불리고 싶어진다. 출금하는 기쁨을 반드시 누리기를 바란다. 혹자는 이렇게 말한다. 복리로 계속 불려야 한다. 그것도 틀린 말은 아니다. 수확의 기쁨이 없는 투자는 내가 해본 결과 매우 지루하다. 투자 폐인이 될 확률이 높다. 수익금을 복리로 불리는 것도 중요하지만 그 수익금을 쓰면서 느끼는 행복도 무시할 수 없다. 매주 한우를 사 먹으려고 주식을 하는 분도 본 적이 있다. 기발한 아이디어다.

종목당 비중은 1%를 넘기지 말라

종목당 비중이 1% 이상을 넘지 말아야 하는 이유는 아무리 좋은 회사라고 해도 다음 달에 올라갈지, 1년 후에 올라갈지, 5년 후에 올라갈지는 아무도 모르기 때문이다. 그저 이 회사가 올라갈 가능성이 크다는 것이다. 단기 투자로 몇 종목에 큰돈을 넣고 단타를 치는 분들이 많다. 1~2일 만에 수익을 내려고 하는 분들은 돈을 벌어도 크게 벌지 못한다. 100번 중 10번만 실수해도 90번의 수익이 모두 날아가버린다. 날아가는 것뿐만 아니라 큰 빚까지 지는 경우가 많다. 사람의 욕심은 끝이 없다. 모닝을 타면 쏘나타를 타고 싶고, 쏘나타를 타면 그랜저, 수입차, 슈퍼카까지 끝이 없다. 이 욕심을 잘 다스리는 방법을 알면 주식 시장은 여러분들의 노후에 멋진 별장을 선물로 줄 것이다. 매년 해외여행까지 보내줄 것이다. 욕심을 잘 다스리면 행복해지고, 주식이 재미있어진다.

종목당 1% 이상을 넣지 않으면 큰 안정감을 준다. 주식을 매일 웃으면서 할 수 있다. 적당한 선에서 추세하락 신호를 포착하고 수익을 내고 나오니 거의 매일 수익이 난다. 그럼 바로 다음 종목으로 교체가 진행된다. 여기서 중요한 점은 원금은 빼지 않고 수익금만 빼는 것이다. 원금은 매달 월급의 10~20%로 증액시키고, 수익금은 매달 생활비로 쓰는 것이다. 그럼 주식으로 생활비를 쓴다고 생각하니 하루하루 수익 내주는 주식 시장이 매우 고맙다. 주식 투자를 오래 하려면 작은 것에 감사하는 것이 아닌가 하는 생각이 든다. 300% 수익이라도 감사하는 마음이 없다면 그 수익이 과연 좋은 수익이 될 수 있을까? 아들이 용돈을 달라고 해서 엄마가 10만 원을 용돈으로 주었다고 해보자. 고맙다고 하는 자녀가 좋은가? 더 달라고 화내는 자녀가 좋은가?

비중조절 비법은 하락장에서도 빛을 발한다. 아무리 떨어져도 100종목이 다 떨어지는 법은 없다. 매수할 때부터 각기 다른 섹터를 담기 때문에 오르는 종목들은 아주 크게 오르기도 한다. 어떤 종목은 80% 이상 수익이 난 적도 있다. 수익이 난다고 무조건 매도하다 보면 큰 추세를 먹을 수가 없다. 그래서 항상 조심해야 한다. 추세를 따라 수익실현을 하는 습관을 들이는 게 좋다.

5

최종 목표는
평생 월급 5,000만 원

시작은 미약하게 나중은 창대하게

무슨 일을 하든지 목표는 커야 한다. 그래야 달성하고 싶은 욕구가 가슴속에서 샘솟고 장애물을 만나도 이겨낼 힘이 생긴다. 성경에 나오는 구절도 있다. "네 시작은 미약하였으나 나중은 심히 창대하리라." 목표는 이러한 믿음 아래 강한 정신력으로 성취해내는 것이다. 매달 생활비는 누가 가만히 있으면 가져다주는 게 아니다. 감 떨어지기만을 기다리는 태도는 미래를 보장해주지 않는다. 큰 걸림돌이 된다. 학교에서 점심시간에 급식을 먹듯이 누군가 준비해서 가져다주는 기간은 정해져 있다.

평생 월급은 처음에는 작은 목표라도 성취하고자 하는 강한 열망이 있어야 한다. 그래야 그 목표가 달성되고 희열을 느끼게 되는 것이다. 그리고 더 큰 목표를 향해 달려가게 만든다. 내가 처음 이 투자 시스템을 만든 목적은 매달 쓰는 생활비를 해결하기 위해서다. 나는 항상 생각했다. '투자 수익 생각 안 하고, 평생 월급 받는 시스템을 만들 수는 없을까?'

한 가지 당부를 드리면 시작은 미약하게 하는 것이다. 처음 1년은 적응 기간으로 하고, 그다음 1년은 본격적으로 수익을 내기 위한 준비 기간이라고 생각하면 좋겠다. 작은 목표를 먼저 달성하라는 말이다. 아파트를 지을 때도 마찬가지다. 처음부터 10층, 20층을 짓는 것이 아니다. 처음에는 지하, 1층, 2층, 순서대로 차근차근 올리다 보면 어느 순간 40층에 와있는 자신의 모습을 볼 수 있는 것이다. 이것이 진짜 프로가 되는 길이다. 무조건 열심히 한다고 수익이 나는 게 아니다.

순서를 잘 지켜서 적응 기간 1년 동안은 기본기를 쌓고, 종목을 선택해서 수익을 내는 연습의 기간이 반드시 선행될 때 나중에 월급 5,000만 원이라는 최대의 목표에 다다를 수 있다고 생각한다. 3년이 넘어가면 이제 자신만의 비법이 생길 것이다. 그 비법은 직접 경험해봐야 하는 신비로운 것들이다. 지지와 저항, 매물대, 기업별 특성 및 재무제표 보는 방법, 매수와 매도 적기 등이다. 이건 이론으로 말하기가 매우 난해하다. 다른 책과 강의를 들어도 부자가 되기 힘든 건 그 사람의 것이기 때문이다. 반드시 내 것으로 만드는 과정을 거쳐야 한다. 내 시간과 노력을 통해 완전히 내 것을 만들어야 한다. 내 것이 되면 신기한 일이 생긴다. 투자금을 아무리 늘려도 손실이 나는 게 아니라 수익이 더 커진다. 나중에는 투자금이 상당해지면 매달 월급 5,000만 원이 넘어가는 상황이 생긴다. 그럼 그 비법은 평생 월급을 만들어주는 큰 보물이 될 것이다.

원금을 지키려고 노력하다 보면 수익은 따라온다

"다시 한번 강조하지만 많은 사람이 주식 투자로 손실을 보는 것은 원금을 보존하려고 투자하지 않고 대박을 노리는 혹은 큰돈을 벌려는 마음이 앞서기 때문입니다. 원금을 지키려는 노력을 기울이지 않으면 주식으로 부자가 되기 어렵습니다."

-선물주는 산타,《선물주는 산타의 주식 투자 시크릿》

앞서도 언급했지만, 내가 좋아하는 투자 멘토 중 한 분이 선물주는 산타 님이다. 이분은 자신이 성공하게 된 이유 중 하나가 원금을 지키는 노력이었다고 책에서 말했다. 큰 수익을 위해 공부를 한 게 아니라 투자 원금을 지키기 위한 노력을 했다고 한다. 단돈 1만 원의 수익이 난다고 해도 원금을 지킬 수 있는 회사에 투자하라는 것이다. 간단하게 말하면 안전한 회사에 투자하라는 말이다. 수익이 적더라도 말이다. 수익은 좇아가는 게 아니라 따라오는 것이기 때문이다. 더는 내려갈 곳이 없다는 말은 이제 올라갈 일만 남았다는 말과 같다.

원금을 지키려면 6가지를 잘 지켜야 한다

실적이 부실한 기업은 피하라

원금을 지키려고 노력하게 되면 일단 회사가 좋은지 살펴보게 된다. 그 회사의 대표 이름은 무엇인지? 매출은 어떻게 흘러가고 있는지? 또 대출은 얼마나 있는지? 등을 제대로 알고 투자해야 실수하지 않는다.

스토리가 없는 기업은 피하라

원금을 지키려고 노력하면 그 기업이 성장해온 줄거리를 공부하게 된다. 어디서 어떤 제품을 만들고 있고, 어떤 기술에 특화되어 있는지는 기본적으로 공부해야 한다.

성장력이 없는 기업은 피하라

아무리 좋은 회사라고 해도 시장의 주목을 받지 못하면 말짱 도루묵이다. 오랜 시간 후에 인정을 받을 수도 있지만 지금 현재 시장에서 성장력이 있는 종목이 좋다.

충분히 내려왔다고 판단이 들면 매수하라

대부분 초보 투자자들이 하는 실수는 바로 고점에서 사는 것이다. 그럼 손실이 커지고 정신적으로 매우 큰 충격을 받게 된다. 고점에서 사는 사람치고 원금을 지키는 투자를 하는 사람을 한 번도 본 적이 없다. 이 책을 보는 여러분들은 충분히 내려올 때까지 기다리자. 그리고 준비된 자금을 넣고 수익을 내자. 그럼 수익은 크게 먹고 위험은 작은 투자가 된다. 이 부분이 가장 중요하다. 싸게 사는 방법을 연구해보라. 그럼 반드시 좋은 결과가 나온다.

바닥에서 거래량이 터진 종목을 눈여겨보라

바닥에 있는 종목도 2가지가 있다. 아무도 쳐다보지 않는 소외주와 대중들이 사고 싶어 하는 인기주가 있다. 원금을 지키는 투자에서 중요한 것은 '인기주보다 소외주를 매매할 때 가능하다'라고 생각하겠지만 꼭 그런 건 아니다. 가끔 시장 상황으로 인해 인기주가 저점으로 떨어졌을 때 거래량이 폭발한다. 서로 사려고 달려들기 때문이다. 그럼 그때가 바로 매수 절호의 기회다. 이런 기회는 1년에 1번 정도 올까 말까 하는 기회다. 투자하다 보면 고수들은 이때를 위해 자금을 비축해놓는다. 그리고 크게 배팅한다. 그리고 20억 원을 40억 원으로 만든다. 여러분도 많이 공부해서 이런 종목에 투자하고 큰 부자가 되시길 진심으로 바란다.

매매횟수를 줄여라

"나는 하루라도 매매하지 않으면 손가락이 근질근질해서 견딜 수가 없어." 초보자 중에 어떤 분이 이런 말을 하셨던 게 기억난다. 그분은 아마 매매중독에 빠졌을 가능성이 크다. 단기 투자자의 전형적인 모습이다. 투자하고 바로 팔아버린다는 말은 무엇인가? 그만큼 회사가 좋지 않은 주식을 샀다는 말이다. 좋은 주식을 샀다면 바로 사서 바로 파는 게 말이나 되는 건가? 좋은 회사는 앞으로 계속 성장하기 때문에 큰 악재만 아니면 바닥에서 들고 가는 게 가장 좋은 매매법이다. 중, 장기로 매매하는 습관을 들이자. 그것이 원금을 지키는 가장 안전하고 좋은 방법이다.

나의 10년 투자 경험상 위 6가지를 지키지 않았을 때 손실이 많이 났던 것 같다. 모두 좋은 경험들이다. 여러분들은 나처럼 주식 시장에 크게 기부하지 않기를 바란다. 소액으로 앞서 말씀드린 부분에 신경 쓰면서 실력을 키우고 투자 금액을 늘리시길 바란다.

6

투자금이 중요한 게 아니라
투자 실력이 중요하다

지수를 알면 두려움이 사라진다

평생 월급 통장을 만드는 가장 기초적인 것이 우리나라 주가지수다. 30년 동안 흐름을 보면 앞으로 30년 흐름을 알 수 있는 기초가 된다. 다음 차트를 보면 전체적으로 우상향하는 것을 알 수 있다. 국가적인 고비마다 흔들거리지만 결국 올라와서 하늘을 뚫고 올라가는 독수리처럼 상승하는 것을 보게 된다. 평생 월급 통장을 가능하게 해주는 중요한 지표다. 이것을 토대로 우리가 좋은 종목은 함께 가고 나쁜 종목을 걸러내는 능력을 길러야 한다. 그럼 앞으로 맞이하게 될 미래가 암울하고 힘들다고 하더라도 평생 월급 통장이 큰 힘이 되어줄 것이다.

출처: 네이버 증권

투자금이 많아야 부자가 되는 게 아니다

사람들은 투자금이 많아야 큰 수익을 낼 수 있다고 생각한다. 나 또한 그래서 처참하게 많은 돈을 주식 시장에 기부했다. 쓰레기통에 버린 게 아니라 누군가의 주머니에 들어갔다고 생각하니 나름대로 위안이 되기도 한다. 하지만 이런 위안은 절대 나를 성공시킬 수 없다. 똑같은 실수가 반복되면 절대 수익을 내기 어렵다. 반드시 그 원인을 찾고 나의 투자 실력을 한층 업그레이드시켜야 한다. 시중에 성공했다고 하는 슈퍼개미들의 책이 많이 나와 있다. 그분들의 책을 보면 한결같이 이렇게 말한다.

"투자금이 많다고 수익을 많이 내는 것이 아니다."

"자기만의 투자 철학을 가져라"

"남이 주는 정보로 수익을 내기는 매우 어렵다."

"고통의 시간이 나를 성장시킨다."

"실패에서 배우고 더 성장하라"

"먼저 실력을 키워라. 수익은 그다음이다."

초등학생에게 수능시험 문제를 풀라고 하면 안 되는 것이다. 자기 주식 투자 실력이 초등학생인지를 먼저 확인해봐야 한다. 매번 고점에서 따라 들어가서 손실을 보고 손절매하고, 또 똑같은 실수를 반복한다면 문제가 심각하다. 지금 당장 투자를 멈춰야 하는 상황은 이런 경우다. 그때는 멈춰야 한다. 컴퓨터를 끄고 공부를 시작해야 할 때다. 계속된 투자를 하게 되면 원금 복구 심리가 작용해 더 큰 손실을 볼 수 있다. 주식 투자를 못 하는 건 죄가 아니다. 공부하지 않고 소중한 투자금을 잃어버리는 것은 죄다. 반드시 주식으로 성공하고자 한다면 순서가 있고 거쳐야 하는 과정이 있다. 투자금을 늘려서 큰 이익을 거둘 생각을 버려야 한다. 결론은 투자금이 아니라 투자 실력의 향상이다. 이것만 기억해도 최소 더 이상의 손실은 피하고 수익을 올리는 전환점이 될 거로 생각한다.

실력이 없으면 워런 버핏을 만나도 망한다

요즘 주식 시장에서 문제가 많은 것이 있다. 리딩방을 운영하는 사람들이다. 많은 사람이 퇴직금을 털어 정보를 듣고 투자하고 반토막이 난다. 리딩방 업체에서는 모두 큰 수익률을 준다고 말하고 따라오라고 한다. 투자 실력이 없는 사람에게 아무리 좋은 주식정보를 주어도 수익을 내기 힘들다. 기초가 없는 집은 태풍이 오면 다 박살난다. 그 이유는 그 정보가 귀중한 정보인지 아닌지를 판단하는 분별력이 없기 때문이다. 아무 지식이 없는 사람에게 고려청자 수십억 원짜리를 가져다주어도 볼 수 있는 눈이 없다면 그 수입억 원짜리 고려청자는 그냥 항아리에 불과하기 때문이다. 분별력은 어디서 나오는가? 바로 투자 경험에서 나온다.

"OO 주식을 샀는데 수익이 났어."
"OO 주식을 샀는데 손실 났어."

이런 경험이 나중에 쌓이면 어떤 뉴스와 정보를 주었을 때 대하는 태도가 달라지고 곧장 사야 할지 말아야 할지 분별하는 능력이 생긴다. 그럼 나중에는 투자금을 늘려도 손실이 나지 않는 최상의 경지에 오르게 된다.

하지만 주식 시장에서는 이런 말을 해주는 사람이 없다. 어떤 전문가들도 그 기초를 말해주는 사람은 없다. 자기 말만 믿고 따라오면 1,000% 수익을 준다고 말하는 사람이 있다면 전부 다 헛소리다. 아무리 좋은 전문가를 만나도 기본적으로 나의 투자 실력이 밑받침되지 않는다면 남들 수익을 낼 때 나는 손절매하고 눈물로 밤을 지새우게 되는 것이다. 이 주식이 왜 떨어지고, 왜 반등할 것인지에 대한 명확하고 확실한 자기 확신이 있어야 한다. 그럼 전문가를 만나든 스스로 터득해서 매매하든 성공할 수 있다. 누구든 주식으로 성공하고 싶다면 먼저 투자 실력을 키우는 게 중요하다.

머리가 아니라 절박함이 부자로 만들어 준다

나는 살면서 머리가 좋은 사람들이 큰 성공을 하는 것을 자주 보지 못했다. 머리는 좋지 못해도 실천력과 도전정신을 가진 사람들이 더 큰 성공을 하는 것을 자주 보았다. 세상에는 머리가 좋은 경제학자들도 있고, 우수한 학교를 나온 천재들도 많다. 하지만 그런 엘리트들보다 이것이 아니면 죽겠다는 필사의 각오로 달려드는 사람들이 더 많은 경제적 풍요를 얻는 경우를 많이 보았다. 서점가에서 쉽게 볼 수 있는 슈퍼개미들의 사연을 접한 적이 있는가? 가난했던 시절 어렵게 주식을 하면서 위험을 다루는 능력을 발전시켜 대한민국 최고의 슈퍼개미들이 된 그들의 사연을 보면 정말 경이로울 지경이다. 아무도 그들이 힘들 때 도와주지 않았지만, 그들은 머리가 좋은 사람들이 가지지 못한 한 가지를 가지고 있었다. 바로 '절박함'이다.

나는 누가 나에게 평생 월급을 받는 비결을 묻는다면 이렇게 말씀
드리고 싶다.

"절박함을 뼛속 깊이 느끼고 계십니까?"

나에게는 몇 년 동안 TM 영업 코칭을 하면서 생긴 신기한 능력이
있다. 어떤 사람이 나에게 좋은 차를 타고 와서 자기가 성공했다고 말
해도 그 사람의 말이 거짓말인지 아닌지 알 수 있다. 진짜를 말하는 사
람은 다른 점이 있기 때문이다. 그 비결은 그 사람의 말속에 절박함과
절실함이 있는가를 보면 된다. 거짓을 말하는 사람은 절실함이 없다.
이것만 보면 그 사람이 진짜 성공한 사람인지 아닌지를 단번에 알아
맞힐 수 있다. 그런 비법은 내가 텔레마케팅을 코칭할 때도 아주 유용
하게 사용된다.

텔레마케팅을 잘하고 싶다고 문의하는 사람들이 매달 수십 명씩 나
에게 연락을 해온다. 그분들과 1 대 1 상담을 해드리는데, 30분 정도
대화해보면 그 사람이 큰 성공을 할 사람인지 하다가 때려치울 사람
인지 알 수 있다. 지금까지 약 1천 명이 넘는 상담사들과 상담을 해보
니 자연히 생겨난 능력인 것 같다. 거의 99%는 맞아떨어진다. 나에게
텔레마케팅을 상담받고 억대 연봉을 받는 사람들의 99%는 남들에게
없는 한 가지가 있었다. 바로 절박함이다. 그들은 나를 처음 만났을 때
이렇게 말했다.

"작가님 저는 빚이 많습니다. 시키는 건 뭐든 다 하겠습니다. 저도

선배님들처럼 꼭 성공시켜주세요."

"자녀가 3명입니다. 제가 돈을 벌지 못하면 아이들이 굶어 죽습니다. 꼭 도와주세요."

"제가 지금 항암 치료 중입니다. 제가 돈을 벌지 못하면 집안이 큰일 납니다. 도와주세요."

"제가 아직 노총각입니다. 결혼도 못하고 큰일입니다. 돈 많이 벌어서 가정을 꾸리고 싶습니다. 작가님 만나서 꼭 성공하고 싶습니다."

나는 주식 투자를 할 때도 이 법칙이 적용된다고 생각한다. 주식도 절박함이 없이 카지노 도박처럼 하는 사람들은 절대 성공할 수 없다. 머리가 좋고 돈이 많은 사람들이 몇 번 수익이 날지는 몰라도 다 잃어버리는 곳이 바로 주식 시장이다. 절박함이 있으면 진짜 기업이 보이고, 진짜 공부를 하게 된다. 그저 머리만 좋고 절박함이 없으면 진심과 진정으로 사물을 파악하는 능력이 떨어진다. 절박함은 기업을 보고 투자를 할 때 진심 100%로 파악하게 해준다. 진정으로 이 종목이 갈지를 선명하게 보게 해준다. 그리고 그 절박함이야말로 꾸준히 큰돈을 벌 수 있는 실력을 성장시키는 밑거름이 된다.

지금의 나는 바로 이 절박함이 만들었다고 생각한다. 주식 투자로 성공하고자 한다면 여러분도 각자의 절박함으로 임하시길 바란다. 그럼 더 공부하고, 더 노력하고, 그러다가 나중에는 작은 소나무가 아주 큰 거목이 되어 있을 것이다. 지금은 아무도 거들떠보지 않는 작은 포도나무일지라도 시간이 지나고 경험이 쌓이면 열매가 주렁주렁 달리는 큰 포도나무가 되어 있을 것이다. 내 인생을 책임져줄 평생 월급 시스템을 만드는 일을 지금 당장 절박한 마음으로 시작하자.

가난이 나를 성공시킨다

주변에 성공한 사람들을 보라. 모두는 아니지만 가난했던 사람들이 많지 않은가? 내 생각에는 그들을 성공시킨 5할은 가난이라고 생각한다. 내가 포기하지 않고 계속할 수 있었던 이유도 가난했기 때문이다. 내가 몸이 아파 일을 못 하고, 직장이 없어질 때 나에게 평생 월급을 줄 사람은 단 한 명도 없기 때문이다. 나는 돈 많은 부모님을 만나지도 않았고, 머리가 남들보다 좋지도 않다. 그러므로 '내 인생은 내가 책임지지 않으면 우리 가족이 굶어 죽을 수밖에 없다'라는 절박한 마음이 있었다. 그래서 지금의 내가 있을 수 있다고 생각한다.

처음 주식을 시작하는 여러분들에게 머리보다 이런 절박함을 가지면 성공한다고 말씀드리고 싶다. 머리가 좋은 사람들이 잘되는 경우도 많지만, 머리를 믿고 노력도 하지 않고 도전도 안 하는 사람들도 많이 보았다. 이것만 기억하자. 가족도, 내 친구도, 국가에서도, 친척들도 나에게 평생 월급을 주지 못한다. 결국, 내가 책임져야 한다.

혹시 시작이 두려운가? 가난에서 당장 벗어날 용기가 나지 않는가? 사람들은 누구나 일이 산더미처럼 쌓여 있으면 자포자기하게 된다. 시작할 엄두가 나지 않는다. 아마도 평생 월급을 받기 위해 할 일이 많다고 생각이 들 수도 있다. 하지만 집안일이 아무리 많고, 시험과목에 외워야 할 게 아무리 많아도 차근차근 하나씩 해결하며 성취하다 보면 어렵게 보이던 큰일도 쉽게 해결되는 경험을 하게 된다. 주부들은 누구나 겪는 집안일을 보자. 집안이 쓰레기와 설거지더미로 난장판이 되었다고 해도 컵 1개부터 닦고, 청소기부터 돌리다 보면 어느새 그 많던 설거지더미와 쓰레기더미들이 모두 해결되는 기쁨을 얻을 수 있다. 학창 시절 시험공부는 또 어떤가? 외워야 할 단어나 문장들이 매우 많아 황당한 적이 한 번쯤은 있을 것이다. 그래도 두려워하지 않고 단어 하나부터 해결하다 보면 어느덧 그 많던 단어들이 다 외워지는 신기한 경험도 하게 된다.

주식 투자로 평생 월급을 받는다는 말은 어쩌면 먼 나라 이야기로 들릴 수 있을 것이다. 평생 가난에서 절대 벗어날 수 없다고 생각할 수도 있다. 이런 이야기는 나와는 상관없는 아주 대단한 사람들만 가능하다고 생각될 수도 있다. 나는 학교 다닐 때 공부도 잘하지 못했고, 머리가 뛰어나지도 않았다. 그래도 남들보다 조금 더 잘했다고 생각하는 부분은 있다. 머리는 좋지 못하고 전문가들처럼 시황을 말할 줄도 모르지만 수많은 실패 속에서도 포기하지 않았다. 절박함으로 하루하루 살았다. "내 사전에 포기란 없다." 이것이 지금의 내가 있게 해주었다고 생각한다. 조금 해보다가 포기하는 그런 일은 있을 수 없다고 생각했다.

그리고 자연히 덤으로 얻어지는 것도 있었다. 수많은 장애물과 손절매를 경험하면서 점점 성장하는 나를 발견할 수 있었다. 처음부터 나도 내가 이렇게 될 줄은 꿈에도 몰랐다. 호기심에 1종목, 1주씩 사다 보니 수익이 나는 경험도 하고, 수익이 안 나는 경험도 하게 되면서 자연스레 '더 잘하는 방법은 없을까?'라는 생각을 하게 되었고, 그러면 그럴수록 가난이 나에게서 멀어지는 것이 보였다.

매일 책도 많이 사서 보면서 공부했다. 매매도 하면서 내가 산 종목의 수익이 났을 때 무척 뿌듯했다. 그러면서 주식 책들을 많이 본다고 실력이 느는 것만은 아니라는 것을 깨닫게 되었다. 내가 직접 1주라도 사서 수익을 내보는 경험이 더 중요했다. 지금은 남이 뭐라 해도 흔들리지 않게 되었고, 남들이 악재 뉴스들과 전쟁 상황에 서로 팔려고 할 때 나는 그것이 기회로 보이는 상황에까지 이르게 되었다.

여러분도 아직 늦지 않았다. 앞으로 통장에 돈이 쏟아져 들어올 창창한 미래가 기다리고 있다. 그리고 이 책을 덮으면서 '간절함' 이것만큼은 심장에 새겼으면 좋겠다. 그리고 딱 1년만 내 평생 월급을 위해 씨앗을 심어보자. 단, 소액으로 말이다. 그럼 주변에서 누가 뭐라고 해도 분별해내는 능력도 생기게 될 것이다. 그러면 끝이다. 투자금을 조금씩 늘려 몸이 아프거나 직장에서 잘려 수입이 없을 때의 생활비는 충분히 준비할 수 있을 것이다. 여러분도 꼭 주식 투자에 성공해서 평생 월급 시스템을 완성하시길 기도드린다.

주린이도 평생 월급 받는
주식 투자 시스템

제1판 1쇄 | 2022년 5월 26일

지은이 | 김우창
펴낸이 | 오형규
펴낸곳 | 한국경제신문*i*
기획·제작 | ㈜두드림미디어
책임편집 | 우민정   **디자인** | 김진나(nah1052@naver.com)

주소 | 서울특별시 중구 청파로 463
기획출판팀 | 02-333-3577
E-mail | dodreamedia@naver.com(원고 투고 및 출판 관련 문의)
등록 | 제 2-315(1967. 5. 15)

ISBN 978-89-475-4821-2 (03320)

**책 내용에 관한 궁금증은 표지 앞날개에 있는 저자의 이메일이나
저자의 각종 SNS 연락처로 문의해주시길 바랍니다.**

한국경제신문 *i* 주식, 선물 도서 목록

한국경제신문 *i* 주식, 선물 도서 목록

한국경제신문 *i* 주식, 선물 도서 목록

두드림미디어
경제·경영·재테크·자기계발·실용서 전문 출판 임프린트

(주) 두드림미디어 카페
https://cafe.naver.com/dodreamedia

가치 있는 콘텐츠와 사람
꿈꾸던 미래와 현재를 잇는 통로

Tel : 02-333-3577
E-mail : dodreamedia@naver.com